智慧教学：

理论、方法与实践

赵洪亮 孙继锋 陈其俊 著

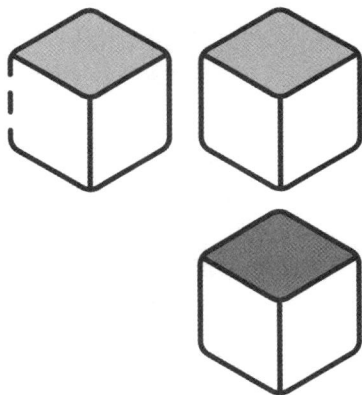

东北大学出版社

·沈阳·

图书在版编目（CIP）数据

智慧教学：理论、方法与实践 / 赵洪亮，孙继锋，陈其俊著. -- 沈阳：东北大学出版社，2024.10.
ISBN 978-7-5517-3575-9

Ⅰ. G43

中国国家版本馆CIP数据核字第2024W7H134号

出　版　者：东北大学出版社
　　　　　　地址：沈阳市和平区文化路三号巷11号
　　　　　　邮编：110819
　　　　　　电话：024-83683655（总编室）
　　　　　　　　　024-83687331（营销部）
　　　　　　网址：http://press.neu.edu.cn
印　刷　者：沈阳市第二市政建设工程公司印刷厂
发　行　者：东北大学出版社
幅面尺寸：170 mm × 240 mm
印　　张：13
字　　数：234千字
出版时间：2024年10月第1版
印刷时间：2024年10月第1次印刷
策划编辑：牛连功
责任编辑：周　朦
责任校对：王　旭
封面设计：潘正一
责任出版：初　茗

ISBN 978-7-5517-3575-9　　　　　　　　　定　价：50.00元

前　言

　　21世纪以来，信息技术已渗透到社会生活的各个方面。教育领域自然也不例外，依托信息技术开展教育教学活动得以不断探索并迅速发展。在线教学、翻转课堂、慕课、微课等不断涌现，对传统教育教学活动产生了巨大的冲击和影响。

　　认真梳理与信息技术相关的教学活动，不难发现，这些改革和方法的目标是一致的，即提高教学效率和效果。智慧教学是通过应用信息技术对教学活动进行整体重塑的过程，是对传统教学方式进行反思和升华。即通过智慧化手段、智慧化设计、智慧化教师、智慧化学生、智慧化环境控制，实现智慧教学目的的一种全新的教学方式。本书立足于当前智慧教学的发展现状、趋势和前景，从智慧教学的理论入手，阐述了智慧教学中的教师、学生、教学设计、教学环境、教学评价等主体和客体要素情况及智慧教学的全过程，同时结合智慧教学的实施情况，给出了实践案例，便于实际操作和应用。

　　沈阳农业大学赵洪亮老师具备多年高等教育教学活动经验，主持和参与各级各类教学研究项目10项，获得教学成果和奖励多项，在智慧教学方面积累了丰富的教学经验，对学生学习特点和需求有深入的了解。辽宁人人畅享科技有限公司总经理孙继锋多年从事职业教育数字化服务，主持开发了"畅享优课"智慧教学平台和100余门在线课程，对信息化技术在教育教学中的应用具有丰富的实践经验。沈阳交通技术学校教师陈其俊在教学和科研中主要研究数字化教学管理与实施。著者的工作经历和知识结构为本书的写作提供了良好的理论与实践保障。

本书共分为九章，具体编写分工如下：第一章至第五章由赵洪亮撰写；第六章至第九章由陈其俊撰写；本书相关资料整理、内容核对及技术支持由孙继锋负责。

本书既可以作为高等教育或高等职业教育智慧教学实施的理论和实践参考书，也可以作为智慧教学爱好者的学习资料。

由于著者水平所限，本书中难免存在不妥之处，恳请读者批评指正。

著　者

2024 年 3 月

目　录

第一章 绪 论

第一节 智慧教学概述

随着我国教学体系改革的不断深化及信息化技术的不断发展和进步，我国积极推进网络信息技术与教学的深度融合。智慧教学（smart education）已成为一种必然的趋势。要发展智慧教学，首先要明确和厘清什么是智慧教学这一关键问题。一般来说，智慧教学是在智慧教育基础上的具体表现，是智慧教育的基础。

一、智慧教学的概念简析

（一）智慧教学的起源

对于智慧教学的起源，国内外学者众说纷纭。智慧教学产生于哲学，智慧教学的理念最早是由加拿大著名学者范梅南提出的。范梅南在所著的《教学机智——教育智慧的意蕴》一书中，对智慧教学赋予这样的含义：所谓智慧教学，其本质就是分析如何让学习中占据主体地位的人利用一些更加先进的外部因素和外部条件进行学习的一种新型学习模式。

我国的智慧教学理念最早是由钱学森教授于1997年提出的。钱学森教授提出的"大成智慧学"是一种新的思维方式。"大成智慧学"的核心是科学与哲学的有机结合，其主要强调三个"集大成"，即集逻辑思维和形象思维之大成、集人与机器思维之大成、集人与人思维之大成。"大成智慧学"的一个显著特点就是充分利用信息网络、人机结合优势互补的长处，使人及时获得广泛而新鲜的知识、信息与智慧，从而培养其创新能力，简而言之，就是"集大成、得智慧"。"大成智慧学"对教学的理解及对智慧的追寻都起到了充分的启迪作用，也为我国智慧教学理论的研究提供了一个可以遵循的新框架，即理念与技术的结合。

（二）智慧教学的概念

要想深刻理解智慧教学的内涵，首先要把握好"智慧"的内涵。智慧不同于知识，它不是通过智力教学和知识传授来实现知识的获得（智慧的核心是思维的发展，思维是无法通过识记获得的），而是通过"自我的觉醒"。启迪智慧是教学的一个美好愿景，而智慧教学是实现这种愿景的一个重要手段。对于智慧教学，应当遵循智慧养成的规律，通过创造适宜的环境来促进智慧的发育。

那么什么是智慧教学？简单来说，智慧教学即教学信息化，是指在教学活动、教学管理和科研活动中广泛深入地运用现代教学技术来促进教学的改革和发展。智慧教学不能脱离信息技术，智能化、网络化、数字化和多媒体化是智慧教学的技术特点，交互、共享、开放和协作是其基本特征。

智慧教学颠覆了传统教学模式，转变了教学思路，创新了教学观念、教学方式及教学内容，用现代信息技术替代了传统教学模式，以教学信息化促进了教学改革和教学现代化。有学者认为，智慧教学的宗旨是推进现代信息技术和教学的高度融合，提高学生的创新创造能力和自主学习能力，以培养国家需要的创新人才。智慧教学重视认知、文化、行为、体验的综合应用，强调教学理念创新、方法创新、技术创新和人才培养的变革。

综合以往研究，可以发现，智慧教学是一种以受教学者为核心的教学新模式，是基于物联网、云计算、大数据及 AR 等先进技术的教学形态。智慧教学是应用智能信息技术及设备，发挥受教学者的智慧，使其积极主动参与学习的教学形式。先进的信息技术贯穿整个智慧教学环节。

从教师的角度来讲，智慧教学中教师处于引导者地位，而非课堂的"主角"，教师的作用主要是为学生创造良好环境，教师本着充分尊重的原则，给予学生更多的自主性。从环境的角度来讲，教学环境是基于智能设备、新媒体技术建立起来的。从学生的角度来讲，学生是智慧教学的主导者，智慧教学力求通过技术推动基础设施的智能化，调动学生积极性，逐步挖掘其潜质、发挥其特长，促进更加有效的人机协作。

智慧教学是信息化发展的产物，对于教学领域来说，智慧教学的到来是教学行业的一大进步。智慧教学注重智慧，但教学也不容忽视，智慧是为教学服务的，教学也是为了培养人的智慧，二者是相辅相成、相互促进、相互依存的。

（三）智慧教学的特点

1. 智慧教学的核心内涵是构建技术融合的学习环境

教师可以通过智慧教学充分展现高效的教学手段。学生可以通过智慧教学获取恰当的个性化学习服务和良好的发展体验，由不能转变为可能、由小能变为大能，树立良好的价值取向，成为具有较强操作技能、发散型思维品质的创新型人才。构建技术融合的学习环境是实现教师和学生共同目标的手段，这个环境包括智慧教学的架构体系。

2. 智慧教学的技术基础是物联网和云计算等新技术

智慧教学是在物联网、云计算发展的基础上，统筹发展各项教学信息化工作、更新教学观念、树立创新型理念的教学方式与教学方法，在应用中强化教学系统的高级职能，而构建的数字化、个性化、智能化、国际化的现代教学系统。新技术的出现为智慧教学提供了丰富的平台和可能。智慧教学应用互联网分析大数据，主要强调系统化、智慧化，培养个性化的学习者。

3. 智慧教学是教学信息化发展的高级阶段

智慧教学凸显集成性、公开性、体验性，特别是科学性、智能性，提供全方位的教学服务，注重智慧教学的科学化建设、智能化建设，在实践操作中培养开放性的思维观念。在大数据蓬勃发展的背景下，智慧教学以教学信息化促进教学现代化，利用信息化、智能化、数字化、网络化的现代高新网络技术为教学服务。

在新形势下，教学要想跟上时代的步伐，得到长期发展，就应当以先进的科学技术为支撑，借助各种信息技术的力量在各种教学工具和教学方法中进行应用，从而构建智慧教学体系。随着科学技术的不断发展、进步，当前的智慧教学体系已经不再是简单地对信息进行加工与利用，而是通过智库构建、大数据分析及技术整合等手段来对学生展开全方位、综合化、系统化的教学。

二、智慧教学的理解和认识

智慧教学相比于智慧教育，其范围更小，智慧教育是一个大的背景，而智慧教学是建立在智慧教育基础上的。智慧教学既可以说是一种基于智慧教育这个大背景下的教学模式，也可以说是一种教学体系，智慧教学的开展基于智慧教育的发展完善。

智慧教学是提升学生综合能力和思维能力的重要方式，它对学生的创新思维有着极为重要的作用。在新时代下，这些思维与能力对学生的发展有着极为重要的作用。在构建智慧教学模型的过程中，要正确把握智慧教学的模式，通过信息技术多样化的形式，引导学生通过兴趣提升自己的能力，使教学朝着个性化的方向发展。对于智慧教学的构建，主要包括以下几个方面。

在智慧教育背景下开展智慧教学的第一步，是选取合适的智慧教学环境。基于信息技术开展的智慧教学环境须具备计算机、投影仪、电子白板等智能设备。开展智慧教学，教师不再像传统的教学模式那样用粉笔、黑板进行板书的书写。由于粉尘的污染会损害教师及学生的呼吸道健康，且用粉笔书写板书耽误时间，所以智慧教学不再只限于粉笔书写板书这种方法。教师可以提前做好课件，先将课件提前存储到便于携带的U盘里，再将存储课件的U盘插在电脑中，并将电脑与投影仪、电子白板等相连接，从而使课件可以更加直观地在投影仪上显现，然后用智能笔在电子白板上直接写字，也可以一键擦除所写内容，既省时又省力。

智慧教学可以通过网络进行教学，这种教学模式是基于应用软件（App）开展的，如腾讯会议、慕课（MOOC）等。这种教学模式打破了教师与学生面对面授课的局限性，学生可以根据自己的实际情况对教学视频进行回放，查缺补漏，教师在后台也可以看到学生的学习成果。

此外，教学资源的准备也极其重要。在确定学生所选用的具体教学环境后，教师须积极地准备与课堂教学有关的教学资源。在准备教学资源的过程中一定要注重教学的个性化、层次化：一方面要考虑到不同年龄段学生的实际情况；另一方面要结合班级内不同学生之间的差异来设置教学内容，使教学内容既满足所有学生的基础知识需求，又可以对程度好一些的学生进行更高层次知识的传授，结合学生的性格、成绩等设置出具有个性化的教学内容，帮助学生全面发展。

准备工作做好以后，接下来是智慧教学的开展环节。教师要按照学习知识的最佳规律设置每个环节。问题的导入环节至关重要，该环节一定要吸引学生，只有调动起学生的积极性，学生才会对接下来的教学内容感兴趣。兴趣是最好的老师，要依据学生感兴趣的话题将本节课的主题导入，激发学生思考的热情。

导入问题后，教师不再是课堂的主导者，而成为积极引导者，引导学生自主探索，将教学的主体地位还给学生，但教师要控制和把握教学节奏，将学生往正确的方向引导。考虑到个体层次的差异性，教师应按照分层教学的方式依据题目的难易程度，将题目分成多种形式和内容，使不同层次的学生能够在课堂训练的过程中得到有效提升。

在智慧教学模式下，教师可以通过管理软件对学生进行当节课考勤及作业完成度的检测，既不用像传统的教学模式中用点名的方法进行学生出勤情况的统计那样费时费力，也不用一个个地进行作业的批改。但这对教师各方面的素质要求比较高，教师要不断学习网络信息技术、App及PPT制作能力，以及动画剪辑能力。

教学方法的策略运用对课堂效果起到重要作用。智慧教学以构建主义理论、泰勒原理、行为主义学习理论、认知主义学习理论、人本主义学习理论为基础，并合理应用这些理论的优缺点（此部分内容在本书第二章有详细介绍）。

智慧教学模式弥补了传统教学模式的很多缺陷。该模式有助于教师在日常教学过程中解决很多疑难问题，利用信息技术（如音频、视频等）可以使课堂教学变得更加生动、活跃，从而大幅提高课堂效率。教师应当充分了解学生在不同年龄段时的特点，借助信息技术生动形象的表现形式，激发学生的思维能力，在实际教学过程中也要注重多种教学方法的应用，以达到预期的教学效果，并使得教学效果更精准、更高效。

智慧教学具有以下四个特征。一是，智慧教学的评价方式趋于智能化发展。在构建智慧教学体系时，应当合理利用信息分析工具和各类处理工具软件对学生的学习情况及教师的实际授课情况进行系统化、全方位的评价，并结合最终的评价效果分析智慧教学体系在实际教学中的应用情况。对比传统的评价模式，智慧教学体系下的评价方式不仅充分尊重了教学活动中学生的主体地位，而且提高了智慧教学工具的应用效率。二是，在智慧教学体系下，学生的个性差异化更加明显。智慧教学模式首先明确了学生是具有差异性的，智慧教学体系下所设置的各类教学活动不仅重视学生理论知识的学习，还注重实践能力的培养，很多教师也因此采取了分级别、分层次的教学模式，使得学生的差异性体现得更加明显。三是，智慧教学模式更加注重学生的自主性。该模式强调要调动学生的主观能动性，使其能够自主学习，不断提高学生的自主学习能力，使学生真正成为课堂的"主角"，真正成为课堂的主体。这不仅是智慧教学的根本目标，也是智慧教学的核心目标。四是，智慧教学体系下的活动趋于智慧化发展。在智慧教学体系下所开展的系列活动不仅打破了传统教学活动设备单一的桎梏，而且为教师和学生提供了丰富的教学资源。在智慧教学体系下，各种多媒体设备不断普及应用，学生可以更好地、多形式地参与到学校开展的各类综合实践活动中，从而在活动中充分掌握理论知识。

智慧教学在实际应用过程中存在以下几个方面的问题。

首先，智慧教学的环境具有局限性。目前，我国使用的教学资源和教学工具都以互联网技术为载体，依托高效便捷的互联网资源，不仅可以为教师和学生营造生动的学习环境，而且可以根据大数据技术对用户的行为模式和使用偏好进行分析并精准推送。

其次，虽然智慧教学体系下的教学资源和教学工具为师生的学习带来了诸多便利，但是由于很多智慧教学资源都依靠网络技术进行推送，如很多教师通过网络下载教学资源而不做任何改动或改动微乎其微，教师也容易受到已有资源思想的局限，使得智慧教学的资源千篇一律，缺乏创新。同时，一旦脱离互联网技术，智慧资源就起不到任何作用。鉴于此，各个大、中、小学校应当构建符合本学校实际情况的智慧教学平台。

再次，智慧教学对学生的要求较高。智慧教学体系不仅可以对教学模式和教学方式进行改革，还可以提高学生的思维创新能力。在实际教学过程中，虽然智慧教学体系具有诸多优势，但是这在一定程度上增加了学生的学习负担。学生课前要做充分的准备，需要在课前浏览大量的网络资料，这占据了很大一部分时间，而且教师对学生的课前准备情况无法准确检测。在智慧教学模式下，虽然可以提高学生的学习效果，但是出现部分学生只是为了学分而学习，缺乏目标的情况。部分学生的学习效果虽然在短期内会有所提升，但是从长远来看，智慧教学体系可能会流于形式，使学生产生应付心理，从而在一定程度上影响学生的能力提升。

第二节　国内外智慧教学发展历程

智慧教学不仅是教学信息化发展的高阶形态，而且是未来教学发展的理想状态。智慧教学的发展是一个长期探索的过程。智慧教学是智慧教育的表现形式，因此，智慧教学的发展也就是智慧教育的发展。

一、国外智慧教学的发展历程

1997年，马来西亚对"智慧学校"这一概念赋予了特定的内涵，其公布的《马来西亚智慧学校实施计划》等文件详细地阐述了智慧学校的内涵概念、构成要素、教学目标、实施计划等方面的内容。此外，马来西亚政府还成立了智慧学校指导委员会，主要负责智慧学校计划的指导和修订工作。

2006年6月，新加坡政府公布了"iN2015计划"，该计划的目的是打造智慧国家和全球化城市。智慧教学既是该计划的重要组成部分，也是该计划的首要目标。此目标的实现在于使公民能够利用信息化技术及信息化手段开展个性化学习，并支持公民的终身学习发展，以适应未来信息社会的需求。2007年，新加坡教育部提出实施未来学校项目，计划在本国选取五所学校作为未来学校项目的试点学校。

2008年，美国IBM公司首席执行官彭明盛提出"智慧地球"的概念。智慧地球主要是应用一些现代技术及3D智能打印等高端技术来实现地球上的物体感知化、智能化、信息化、科技化。随着现代科技迅速发展，在这个信息大爆炸的时代，智慧地球的理念逐步拓展到教学领域，使得教学与信息化技术得到融合。IBM公司强调智慧教学的发展主要包括学生的技术沉浸、个性化、多元化的学习，以及教育资源的全球整合等。

智慧地球通过传感器使各种应用环境的信息相互连接，组成一个智能的系统物联网，然后将物联网和互联网整合起来，实现人类社会与物理系统的整合，催促"智慧教学"的萌芽生长。智慧地球、物联网和云计算陆续成为世界强国发展战略的重点。2009年，部分国家相继推出本国的物联网、云计算相关发展战略，智慧地球让世界变得更加智能化。随着无线通信技术的快速发展，互联网正向着支持移动终端的方向发展，智慧城市、智慧交通、智慧医疗、智能校园也逐步崛起。

2011年，韩国教育科学技术部颁布《智慧教育推进战略》，从教育信息化视角指出智慧教育是未来教育的发展蓝图。韩国通过制定法律法规、规范智慧教育制度来推进智慧教育战略的发展，并努力打造智慧教育产业链，以扩大教育国际影响力。

以上几个国家中，智慧教育发展战略都与国家教育信息化规划有着紧密的联系，都是以规划为前提的。由此可以看出，智慧教育已在国家层面的教育战略部署中引起高度重视，发展智慧教育成为各国抢占新一轮教育改革创新发展先机的重要内容。

二、国内智慧教学的发展历程

我国智慧教学的发展要从1997年说起，该理念最初是由钱学森院士提出的。他提出的"大成智慧学"首次将教学与信息化结合到一起，进而提出自然与科技、逻辑与形象、哲学与科学技术、微观与宏观集合成一体的智慧教学。

"大成智慧学"是以马克思主义哲学为理论基础，充分吸收、借鉴古今中外著名专家和学者的经验、信息、科技，应用现代化网络信息技术，将文学、艺术、理工等学科结合在一起的智慧的过程，其灵活地运用创新精神解决教学科研问题。在信息爆炸的时代，钱学森院士提出的"大成智慧学"促进了我国教学信息化的飞速发展，同时加快了网络技术创新的步伐，为当代智慧教学的发展奠定了坚实的基础。

2012年，我国掀起了研究智慧教育的热潮，这主要源于祝智庭教授等于2012年发表的《智慧教育——教育信息化的新境界》一文，文中许多观点确立了智慧教育研究的理论基础。该文章的发表使得不少专家、学者开始了对智慧教育的理论探究，部分地区借智慧城市发展的契机，率先进行智慧教育的实践尝试。

2018年4月，教育部发布的《教育信息化2.0行动计划》（教技〔2018〕6号）明确提出实施"智慧教育创新发展行动"，这标志着国内智慧教育的发展进入一个崭新的阶段，智慧教育成为领航教育信息化2.0融合创新发展、促进实现教育现代化的重要途径。从智慧教育发展历程来看，我国智慧教育的系统性研究应用虽然稍晚于国外，但相关理论研究和实践探索已经取得了一定成果，以智慧教育为内容的教育革新，为我国提供了引领世界教育变革的历史性机遇。

为了顺应时代发展，智慧教学理念逐步推进，自2014年起，与智慧教学相关的各种政策在各个地区陆续出台。2019年1月，教育部办公厅发布《关于"智慧教育示范区"建设项目推荐遴选工作的通知》（教技厅函〔2019〕1号），这是我国首个明确以"智慧教育"为主题的全国性文件，意味着我国将创建智慧教育示范区提升到教育信息化发展的国家战略层面。2019年4月，教育部遴选出北京市东城区、上海市闵行区、四川省成都市武侯区等八个智慧教育示范创建区域，以及江苏省苏州市等两个智慧教育示范培育区域。智慧教育示范区成为构建智慧型社会的战略选择，与智慧城市创建工作相辅相成，也将掀起智慧教育发展的新浪潮。

时至今日，我国对于智慧教育与智慧教学的研究是多角度、多方位的，并与其他领域密切融合。对其概念的界定多数是基于心理学、哲学等角度。目前，智慧教学这种模式已得到全社会的广泛认可。国内关于智慧教学的理论观点有很多，其中具有代表性的有以下几种。祝智庭教授等基于教学信息化发展视角，提出发展智慧教学需要以智慧学习环境为技术支撑、以智慧教学法为催化促导、以智慧学习为根本基石，这三者构成智慧教学的核心要素。智慧教学、智慧环境、智慧教学法、智慧人才这四部分构成智慧教学的研究框架。黄荣怀教授从系统要素论观点出发，认为智慧教学是包括五要素的教学系统，分别是现代教学制度、现代教师制度、数字一代学生、智慧学习环境、教学模式，其具有感知、适配、关爱、公平、和谐五个典型特征。杨现民教授基于教学生态学视角，认为智慧教学是利用物联网、云计算、无线通信等新一代信息技术所构建的物联化、智能化、感知化、泛在化的教学信息生态系统。陈琳教授等认为，智慧教学是高度信息化支持发展的教学新样态，当前智慧教学已由1.0向2.0快速转型发展。

从中可以发现，我国智慧教学发展受到国家、省、市、区各级教学主管部门的高度重视，纷纷出台相应政策文件，为加快智慧教学建设、规范智慧教学实施提供了方向指引和政策支持；推进智慧校园建设的政策性文件占有相当比例，表明发展智慧校园是当前智慧教学研究与实践的重点任务；智慧教学成为未来教学发展的目标导向，我国智慧教学的发展需要经历从局部先行试点到全面推行实施的过程，通过创建智慧教学示范区，探索适合我国国情的智慧教学发展道路。

三、从智慧教学的发展历程解读智慧教学的内涵

智慧教学并不是一个现代才有的词语，它于17世纪就已经出现并有其符合时代特色的含义。在不同时期、不同阶段，人们对智慧教学赋予了不同的含义。如今的智慧教学与教学信息化有着紧密的联系，智慧教学与教学信息化是

相互促进、相互依存的。以信息化为分水岭，从传统智育教学和信息化时代智慧教学两个方面解读智慧教学的内涵。

智慧教学诞生于哲学，智慧教学的理念也是由早期的哲学家提出的。印度哲学家克里希那穆提在其著述《一生的学习》中提出，唤醒和发展人类的智慧是智慧教学的目的；英国哲学家怀特海则提出，启发学生智慧才是教学的目的。

后来智慧教学从哲学中分离出来，人们对于智慧教学的认识也更加广泛，智慧教学延伸到教育学及心理学领域。当时正处于工业化时代，在这个时期，各国对人才的需求都很大，急需具有某种特定技能的人才，在当时的时代背景下，智慧教学演变成了"智育"，加强了对学生智力教学的力度。在具体的智慧教学当中，把发展学生的智力作为首要目的，以系统的科学知识为教学内容，帮助学生掌握一定的技能。这个时期对智慧教学的理解是限定在对智力、认知等的培养上的，窄化了智慧教学的内涵。

后来，随着时代的发展，人们对智慧教学的理解不再限定于教育学和心理学领域，而是发展到了更广泛的领域，智慧教学也有了更广泛的内涵，不再限于发展智力，而是开始强调其社会属性，强调人在社会交往中所体现的价值和在社会实践中所体现的能力。加德纳的多元智能理论中的人际关系智能就体现了这种"社会属性"，其智能被认为是在特定的社会或文化环境的价值标准下，人类个体能够自我解决问题的能力。

这一时期，智慧教学所凸显的社会属性帮助人们从更宽泛的领域来认识智能，丰富了智慧教学的内涵。后来，随着信息化时代的到来，智慧教学进入了一个全新的领域，人们将信息化融入教学，使教学变成了应用信息技术进行信息传递的一种模式，智慧教学从而有了新的内涵。

上文中有所提到，我国最早研究智慧教学的是钱学森院士，他所理解的智慧教学是一种"大成智慧学"。大成智慧学是指消除各个学科之间的界限，注重对通识人才的培养，要掌握人类知识体系中的内容，实现人与机器的结合，促进优势互补，还要培养人的高尚情操。钱学森院士提及的大成智慧学思想对现今的教学发展与变革具有一定的启迪作用。而近几年经常提到的智慧教学最早是从智慧地球理念引申而来的。

随着教学信息化的发展，智慧教学也不断被赋予各种新的内涵，国内很多学者从不同的角度对智慧教学进行了分析与解读，并由此衍生出对智慧教学环境、智慧教学体系等的研究。

对智慧教学的解释有很多，其中在国内较为权威的定义是祝智庭教授所提出的比较完整的智慧教学概念。祝智庭认为，智慧教学是指构建智慧学习环境（smart learning environments）、运用智慧教学法（smart pedagogy）来促进学习者进行智慧学习（smart learning），从而提升他们成才期望，即培养具有高智能和创造力的人。

蒋家傅则从手段、重点、目的三个方面对智慧教学进行概括描述，更加强调智慧教学在教学过程中的应用。他认为，智慧教学的本质目的是培养学习者的创新能力、批判思维能力、问题解决能力等高阶思维能力，即发展学习者的智慧。

国内对智慧教学这一概念的研究比较多，这也能看出教学领域对智慧教学的重视。上文所述智慧教学内涵中，都提到了"技术"一词，这也是信息化时代的智慧教学与传统智慧教学最大的不同。信息化时代的智慧教学主要强调对信息化技术、信息化设备的应用。信息化技术是智慧教学发展中必不可少的要素，在理解智慧教学时，需要更多地从技术的角度进行分析。智慧教学是信息化教学的必然阶段。

总的来说，专家学者对智慧教学从多方面、多角度进行了分析与研究。无论基于哪一方面的研究，都有利于我国智慧教学的发展，这也说明智慧教学这种模式得到了社会的广泛关注，在教学领域被认可，也可能逐渐成为教学领域的主流。智慧教学无论是更关注"智慧"，还是更关注"教学"，其目的都是培养人的智慧，促进人的全面发展，使我国教学活动与时俱进，迎合时代发展，从而培养一批对社会有用的人才。

第三节　国内外智慧教学研究现状

一、国外智慧教学研究现状

现阶段，国外对于智慧教学的研究主要有以下三个方面。

（一）智慧学习环境建设的研究

国外比较重视学习环境。其中，智慧学习环境是从智慧地球、智慧城市、智慧家庭的概念中派生而来的，同时智慧学习环境的建设离不开上述智慧环境的支持。当前国外对智慧学习环境的研究主要集中在高等教育阶段，在自然科学学科和计算机学科上应用较多，其中智慧学习环境里教学策略和案例设计是国外研究者最为关注的内容。

（二）智能技术支持下的智慧教学研究

智能技术对智慧教学的开展做出了巨大的贡献。当无线技术代替有线技术后，教师可以便捷地从云端获取海量教学资源以丰富教学内容，学生通过"自带设备"（BYOD），充分利用智能终端（笔记本和手机）随时记录笔记并与教师展开互动，实现"一对一"学习。当虚拟现实技术和3D打印技术走进课堂后，教师、学生、智能终端和云端资源展开了多维互动，给学生带来了交互式和沉浸式的学习体验，这些都是在传统课堂教学中所不能感受到的。辅助打破传统课堂的还有MOOC、SPOC（小规模限制性在线课程）、翻转课堂、微课等新型教学模式。此外，国外在智能教学系统开发方面的研究成果也十分丰富，如美国南加州大学的RIDES智能教学系统开发工具、斯坦福大学的MMAP协作型教学模式的教学系统等。

（三）机器学习技术支持下的个性化学习

建立在机器学习和数据挖掘技术上的个性化学习研究是国外智慧教学研究的热点。国外学者阿培丁认为，机器学习是指利用数据或以往的经验，优化计算机程序的性能标准。机器学习技术是人工智能技术的核心，是基于数据的学习；而深度学习是机器学习的一个大的分支，其概念源于人工神经网络，是实现机器学习的高效技术。

近年来，国外学者十分关注机器学习在教学领域的运用。于学习者而言，机器学习通过深入挖掘海量的教学数据，发现学习者的规律，然后分析建模，预测学习者的学习行为，并为其提供个性化学习的支持和测评。同时，机器学习为教学者掌握学生整体和个体的学习情况、教学管理者制定决策、企业开发者更精准地评估和维护教学系统提供有力支持。当前，国外建立了许多自适应学习平台为学习者提供个性化服务，其中最成熟的就是 Knewton 学习平台。Knewton 以其系统强大的学习资源，通过统计分析学生的学习数据，为学生推送个性化的学习内容。无疑，机器学习的出现加大了校企合作的力度。

二、国内智慧教学研究现状

研究主题的分布及演化最能直观地体现出研究领域内的研究风向。以2012 年为时间节点进行关键词特征分析，发现 2012 年之前关于智慧教学的研究更多涉及素质教学、智慧型教师、教学智慧、知识教学等；2012 年之后，关于智慧教学的研究更多涉及教学信息化、大数据、智慧校园、智慧课堂、智慧学习、教学模式、"互联网+教学"、信息技术、云计算、云平台等。通过对比可以发现，2012 年之后，关于智慧教学的研究更侧重对信息技术、大数据、互联网等教学硬技术的依赖，以及以教学智能化为核心。

从研究现状来看，智慧教学的研究具有较广阔的覆盖面。有 40 多所高校及机构、30 多种教学期刊、100 多位学者对智慧教学进行了广泛研究及关注。其中，江苏师范大学、华东师范大学、东北师范大学在智慧教学研究领域具有核心地位；《中国电化教育》《现代教育技术》《电化教育研究》等期刊对智慧教学研究给予广泛关注，并成为该研究领域的权威期刊；祝智庭、陈琳、杨现民等学者是对智慧教学研究的高影响力作者，他们的相关研究成果对智慧教学理论与实践起到了推动作用，对我国教学智能化应用及建设具有重要的借鉴价值。从研究热点来看，智慧教学研究还处于成长阶段，特别是近年来在教学领域受到广泛关注。

自 2012 年以来，智慧教学热点不断演变和拓展，涉及教学信息化、信息技术、大数据、"互联网+教学"、人工智能、智慧学习、智慧教室、智慧课堂、教学模式等方面，它们涵盖了教学及学习的大部分环节。从总体上看，智慧教学研究从侧重现代教学技术的应用转向教学环境、教学资源、教学管理等的智能化整合。随着移动互联网、大数据、云计算及人工智能技术的发展，教学智能化成为智慧教学研究的核心和热点。智慧教学的概念被提出之后，在其他国家获得了快速的发展。在国际智慧教学的快速发展之下，我国开始结合自身的教学特点，发展具有中国特色的智慧教学。现阶段，我国对于智慧教学的研究主要有以下六个方面。

（一）智慧教学的基本理论研究

智慧教学的基本理论研究主要关注两个方面：一是智慧教学内涵特征的相关阐述；二是智慧教学促进教学改革的研究。在智慧教学内涵特征方面，国内学者在对智慧型人才培养目标及技术环境的认识方面大致相同。在智慧教学促进教学改革方面，研究者普遍认为智慧教学对现行教学模式带来较大影响，具体体现在教学理念、教学模式、学校管理等方面。智慧教学为当前教学改革提供了方向，也促使学校及有关教学部门重新思考学生的个性化培养问题。

总体来说，我国对于智慧教学理论方面的研究还不够深入，内涵的界定及理论体系的构建仍需不断完善，需要更多研究者基于不同视角做出更深层次的探索。

（二）智慧学习环境研究

智慧学习环境在本质上是物理学习环境与虚拟学习环境的有效融合，有利于深度学习、沉浸式学习的发生。目前，智慧学习环境研究主要涉及以下两个方面。

一是技术对智慧学习环境的支撑。从这一方面来说，智慧学习环境的形成与发展在很大程度上依托技术的不断进步。在该问题背景下，研究者将目光集中在人工智能、传感器及通信等技术上，期望通过智能化技术从根本上改变学习工具、学习资源、学习方式和学习社群。

二是智慧学习环境的建构。这类研究主要讨论智慧学习环境建构的理论路径和典型应用。总体来说，国内对智慧学习环境的研究已经具备一定数量，形成了初步的理论体系和实践成果。通过文献梳理发现，研究者倾向于从理论层面进行建构，而实践应用层面的文献则相对较少。在研究视角方面，研究者将目光集中于技术、资源层面，较少关注人的因素，难以将智慧学习与数字化学习区分开，偏离智慧教学的根本问题，这些现象应引起专家学者的重视。

（三）智慧教学体系架构及技术支撑研究

智慧教学融合了新一代的物联网、大数据、云计算等技术，通过学习行为及认知风格信息的真实记录，变主观判断为智能感知，使学习活动倾向于个性化，教学决策也更加科学。在技术支撑方面，越来越多的研究者将目光投向大数据技术，普遍认为基于大数据的学习分析和教学管理正是当今学校教学变革依靠的有效抓手。

有的学者指出大数据技术在教学领域的应用推动了学校对新型管理模式、教学方式、学习方式的探索，也为教学改革增添了新的思维方式。在智慧教学体系架构方面，研究者主要讨论如何将智慧地球、智慧城市的体系架构应用到教学领域中，并尝试从多种视角进行体系建构。例如，杨现民等从生态学视角出发，指出智慧教学系统不应作为孤立系统，而应按照规范的接口与其他智慧系统保持联通，实现数据共享。

总的来说，我国智慧教学体系架构的研究刚刚兴起，文献数量稍显不足，研究视角也相对单一，相关研究也仅是从理论层面进行阐述，其适用性与完备性还未充分得到实践的检验，因而需要更多领域的研究者做出更深层次的探索。

（四）智慧教学实践应用研究

智慧教学的推进对我国教学事业的改革发展具有重要意义，但是培养智慧人的美好愿景要想成为现实必须依靠本土化实践。通过文献梳理发现，国内研究者已经在高校及中小学进行了初步的实践探索，如智慧校园、智慧课堂及智慧图书馆的投入使用。

围绕这一主题的研究成果不仅包括高校的变革，也包括中小学的实践应用，充分反映出我国教学领域正在积极地引入智慧教学体系，尝试运用智慧教学的相关理念与手段改变我国教学现状，努力实现教学现代化的目标。在智慧教学的实践应用方面，相关文献数量较少。

从整体情况来看，智慧教学的应用实践仍处于起步阶段，展现出非常不平衡的态势；参与的学校与研究机构相对较少，且集中于北京、上海、广州等一线城市，究其原因，与政府的政策、企业的支持、高校的推进有很大关系。除此之外，技术条件不成熟也使得智慧教学很难在大范围内推广。

（五）智慧教学发展战略与路径研究

我国智慧教学发展战略与路径的研究主要涉及以下两个方面。

一是国外智慧教学发展战略对我国的影响。关于此方面研究，研究者倾向于把国际智慧教学发展经验与我国教学信息化现状相结合，探索契合我国智慧教学发展的本土化路径。

二是智慧教学的本土化路径探索。这方面研究主要关注信息化环境下智慧教学的区域推进策略，在这方面的研究中，关于具体问题的解决方案的研究还相对较少，主要集中于国外智慧教学发展战略对我国的影响，而本土化战略及发展路径研究有待继续深入。

（六）智慧教学发展存在问题研究

尽管近些年来，智慧教学取得了飞速的发展，但我国在开展过程中，依然存在诸多问题，主要体现在以下三个方面。

1. 区域发展不平衡

在进行智慧教学的过程中，需要建设一定的基础设施，因此需要国家或当地的教育部门，对智慧教学的开展给予支持。然而，一些原因导致我国经济的区域发展不平衡，从而造成智慧教学存在区域发展不平衡的现象。

智慧教学的区域发展不平衡主要体现在以下两个方面。第一，促进智慧教学的发展，需要建设相关的基础设施，经济发达的地区智慧教学的基础设施建设明显优于经济落后的地区。例如，在我国东部沿海城市，基本上每个人或每个家庭都拥有一台电脑；但是，在一些西部地区，平均十个人才能够拥有一台电脑。基础设施建设的不平衡是影响智慧教学发展不平衡的重要因素。第二，信息化的发展呈现出区域不平衡的态势。我国东部沿海城市经济比较发达，同时地理环境比较优越，能够与其他国家进行经济和文化的交流等，其信息化的发展优于西部内陆城市，这也是影响我国智慧教学发展的重要因素。

2. 存在资源重复建设的问题

在我国智慧教学的开展和建设过程中，需要进行一些基础设施的建设，所以需要投入一定的资源。但是，本书的调查和研究结果显示，目前智慧教学在开展过程中存在资源重复建设的问题，主要体现在以下三个方面。第一，目前，在我国智慧教学的发展过程中，没有制定统一的标准，各个系统遵循的标准不同，相互之间并不能进行信息和资源的共享。第二，从管理层面来讲，并没有对资源进行良好的管理，因此资源分配并不是最优的，很多资源没有得到有效利用，而另外一些资源竞争情况比较严重。第三，从技术层面来讲，目前，不同的智慧教学系统采用的技术各异，而技术之间存在较大的差异性，无法直接进行信息交换，从而造成资源浪费。

3. 开展智慧教学的实力不足

目前，我国虽然开始开展智慧教学，但是在开展方面的实力还不足，主要体现在以下两个方面。第一，我国参与智慧教学的人才数量较少，智慧教学作为一种创新型的人才培养方式，在开展过程中需要大量人才的支持。但是，由于缺乏相关人才资源的保障，我国智慧教学的开展举步维艰。第二，相关科研机构比较缺乏，智慧教学的发展离不开科研机构的参与，它们能够对智慧教学的各个环节进行分析，从而找出适合我国国情的智慧教学方式。但是，目前参与智慧教学的科研机构较少，因此无法更好地促进我国智慧教学的发展。

第四节 智慧教学发展趋势

一、智慧教学面临的挑战

当前，智慧教学的发展刚刚开始，还存在很多挑战。

智慧教学的发展在技术方面仍然存在一些障碍，但完美解决智慧教学的方案还不具备。例如，对于数据采集与处理问题，目前没有很好的解决办法。

现在的学习分析系统采集的数据大部分是事后数据，未做到采集与分析同步进行，但即便能够同时进行，也缺乏准确性与科学性的分析模型。例如，上海电信在收集学生各项成长数据方面非常细致周到，如学生进出校园、作业和考试、实验、图书借阅、体育运动、社会实践活动、家庭在线学习等情况；但对学习过程中存在的各种碎片化数据的收集体现不多。由此可见，学习过程中的各种数据收集、处理是目前智慧教学实施的难点与关键。此外，人类的学习行为非常复杂，学习者的内心活动通过目前技术无法进行有效的状态识别。

线下学习过程的数据收集目前也无法实现。这些缺失数据会使学习诊断与预测系统失灵，从而让智慧教学变得不智慧，甚至出现误导。如果没有大量资金投入，庞大的开发团队能够集成庞大的硬件与软件系统的可能性也不太大。目前，在教学技术领域存在着一种信息技术可以解决一切问题的论调，它往往忽略教学的真正内涵，似乎智慧教学就是构建智慧学习环境，试图用技术解决教学的一切问题，与原来在信息化建设过程中盲目堆砌硬件并无两样，都是走向极端。陈琳教授认为，IBM公司所说的智慧教学，突出的是技术而不是教学，不是真正意义上的智慧教学，意思就在于此。

此外，对于教育界来说，现代科技的手段虽然去除了教师各种耗时费力的教学行为，但是失去了本身最有意义和价值的实践活动，使得广大学科教师挣扎于对教学技术的变幻莫测和用处的困惑与惶恐之中，面对枯燥繁杂的海量数据，失去了教书育人本来的乐趣。这值得每位研究智慧教学的人去思考。

二、智慧教学的研究和发展方向

智慧教学是我国教学信息化的发展方向，对于智慧教学的深入剖析与研究将有助于推动我国教学事业发生深刻变革。国内关于智慧教学的研究刚刚兴起，无论是研究视角还是研究范式方面都存在一定的不足，但是对于智慧教学的研究已经逐渐得到了国内学者的重视，并成为我国教学信息化领域的重要关注点。智慧教学有着很好的发展前景，下面将从研究方向和研究领域这两个方面对智慧教学的发展趋势展开论述。

（一）研究方向

从研究方向上来看，智慧教学未来的发展可以从以下四个方面着手。

1. 在线智能学习助手

近年来，在线智能学习已经从计算机辅助教学、智能教学系统、智能教室逐渐演化为以学习者为中心，强调普适化、个性化的学习技术。随着人工智能技术的发展，如何在学习过程中通过学生与在线学习系统的交互来实现个性化的教学和辅导受到越来越多研究者的关注。

在利用智能学习助手进行学习的过程中，个体具有能力、背景、学习方式、学习目标等各种差异性，即使是个体本身，在学习过程中，知识状态也在不断变化，所以针对每个个体实现个性化的自适应在线智能学习是必然的发展趋势。未来的教学是个性化的，学生将从在线智能学习的交互中受益，但是在线智能学习中的人机交互（human computer interaction，HCI）不仅是简单的界面交互，而且是在学习过程中学生与机器之间知识的连续传授与更新。

目前，最新的认知计算（cognitive computing，CC）技术在在线智能学习领域的应用方面具有良好的前景，借助于其教学数据挖掘（educational data mining，EDM）、学习分析（learning analysis，LA）等相关技术，可以通过分析学生的学习活动中产生的数据，为学生、教师和管理者提供实现其各自目标的参考，并动态追踪学生的学习活动，提供个性化的学习体验。此类技术有望实现从传统以内容为主的在线学习到以人为主的个性化学习的转变。

此外，在在线智能学习过程中，如何评估学生的接受程度、学习状态的变化及知识的更新是个性化自适应在线智能学习实现智能化需要解决的重要问题。随着深度学习和大规模人工神经网络的蓬勃发展，人工智能时代的到来使教学具有可追踪性和可预见性。

通过相关模型分析，可以对学生知识点的变化进行追踪，实时了解学生对知识点的掌握情况，并根据学生的实践和知识生成相关的问题来评估每名学生的熟练程度，依照每名学生的知识结构、智力与熟练程度设计个性化教程。

目前，研究者在已有研究中对在线智能学习系统的知识建模方法、认知计算技术和生物传感技术的应用方面做了较为深入的探讨，但是以人机互适应学习、自主探索学习等核心技术为基础，以人工智能与机器智能协同互适应学习为目标，个性化、高效的新型在线智能学习系统的构建方式仍需继续探索。

2. 学习者智能评估

当前，对于学习者的智能评估，传统且普遍的方法是通过间接测量（如试卷检测、问卷调查等）来判定学习者的能力、智力发展水平，但这种方式模糊且不精确。利用无线传感、人机交互、虚拟现实等技术，可实现实时监测学习者学习状态，全方位多维度采集学习者第一、二课堂及生活数据，并以机器学习算法为支撑进行全面且高效的学习者能力评估。

目前，对于学习者的智能评估，还面临一系列的挑战。第一，数据的来源广、维度高、规模大，使得评估指标难提取；技术发展的不成熟使得数据采集存储存在隐私泄露隐患。第二，思维与能力具有复杂映射关系，且其各自具有不同层次，设计有效的测试方案是一大难题，同时结果的评价存在不可证实性。

围绕上述难题，需要开展的研究工作包括以下两个方面：第一，采用数据降维去噪、多模态融合解决数据的规模大、维度高等问题，同时采用"互联网+云计算"、访问控制等方式进行隐私保护；第二，针对不同背景的学习者，采用定量和定性结合、个体与整体结合的方式进行测试，从能力与思维的不同侧面来全面综合地进行评价方案的设计。

3. 网络化群体认知模型

人类个体存在有限认知带宽问题，表现为获取、处理、理解信息的能力受生理特点限制。例如，大脑最多同时处理4个概念，理解文本的速度低于60 b/s，短期记忆（short-term memory，STM）仅能存储7±2个信息块。

网络化群体智能（networked collective intelligence，NCI）是指在网络环境下，个体通过竞争和合作等协同方式，在完成特定任务过程中涌现出来超越个体的智能。利用NCI能够实现网络化群体认知，这是突破个体认知局限的重要途径。其难点在于如何对NCI进行建模与评测、如何发现影响NCI的关键因素。

针对网络化群体认知模型需要开展的研究工作包括以下四个方面：第一，面向群体认知的NCI协同学习模型（synergetics model）；第二，群体认知行为对NCI的影响机理与关键因素；第三，网络化群体智能的涌现特性分析；第四，基于NCI的知识聚合机理。

4. 教学大数据的因果关系发现

当前对于教学大数据的分析，主要侧重于相关性分析，对于因果关系分析的研究还非常薄弱，而因果关系分析是构建智能化的导学、推荐、评价机制的重要依据。然而，教学大数据的因果关系还面临一系列技术难题。

第一，教学大数据包含了学习者、内容、效果、行为等多个维度的变量。挖掘高维变量间的因果关系通常存在较高的复杂度。例如，因果图构建的复杂度与变量个数成指数函数关系。

第二，从高维的教学数据中识别出混淆因子（confounder variables）和偏倚（selection bias）等隐变量也是难题之一。隐变量是指未能观察或无法度量的变量，通常是事件的隐性致因，对于简化因果关系、提升其可解释性具有重要作用。

围绕上述难题，需要开展的研究工作主要包括以下两个方面：第一，针对教学数据的海量、高维和稀疏等特性，研究高效的因果图生成方法，解决图学习与方向学习中时空开销大的问题；第二，研究教学数据的隐变量识别问题，并基于认知科学分析因变量的可解释性。

（二）研究领域

从研究领域上看，国内外智慧教学研究领域主要涵盖了智慧教学的理论和实践、智慧学习环境建设、智慧教学模式设计、新兴技术与教学深度融合四个层面。针对这四个层面，提出以下四个发展趋势。

1. 扎根时代背景，深化智慧教学理论和实践研究

智慧时代的教学应当充分体现出智慧的特征，培养出具有智慧的人。这个智慧不应仅仅立足于机器智慧，毕竟机器不会真正地拥有智慧，机器显示出所有智慧的特征，也应是人类智慧的结晶。

当前，国外及相当一部分国内的智慧教学研究都是建立在IBM公司构建的智慧教学行动框架上的。陈琳等人认为，由此研究的智慧教学偏重"器"和"术"的层面，却忽略了从"法"和"道"的层面去深刻理解智慧教学的本质。真正的智慧教学是与人类走向智慧时代相匹配的教学，然而，迄今还没有国家从智慧时代的高度设计教学。因此，我国作为一个拥有五千多年历史的文明古国，理应挺身而出，迎合时代要求，重构智慧教学。尤其站在国外对于智慧教学理论研究的缺口上，更应当抓住机遇，立足钱学森先生"大成智慧学"的理论基础，去丰富智慧教学的理论体系建设。虽然当前国内关于智慧教学的理论研究已小有成果，但是智慧教学作为一个与时代进步和技术发展联系紧密的新兴教学研究领域，其理论的研究也应紧跟时代步伐，并不断加以创新。

当然，理论的研究还必须与实践充分融合。当前，国内智慧教学的理论研究远远超越实践应用，尽管已有许多学校展开智慧教学试点，但都停留在表面功夫，甚至有的学校由于技术条件限制尚未表现出智慧特征。未来智慧教学的理论研究应当立足于教学实践或者具体的教学案例之上，厘清技术和人之间的关系，合理利用技术促进智慧教学的发展，培养出智慧型人才。

2. 对接智慧城市，全方位营造线上线下智慧学习环境

环境是一切的基础，智慧教学的发展离不开智慧学习环境的建设。纵观国内外智慧教学研究，在前期，无一例外都将重点放在了智慧学习环境的建设上，强调将技术融入城市、校园、课堂、家庭等现实学习环境，以及在线教学、远程教学等虚拟学习环境，线上和线下教学一体化，无缝对接，使得学习者的学习可以突破时间和空间的限制。

未来智慧学习环境的建设仍然有赖于人工智能、物联网、云计算、大数据、泛在网络等关键信息技术的支撑。如何利用云计算对云端的教学资源进行全方位整合，实现最大限度的资源共享，如何通过挖掘海量教学大数据和学习者的学习数据为其提供智能化推送，满足不同学习者个性化和差异化的学习需求，如何利用人工智能、物联网和泛在网络贯通学习者线上和线下的教学，使其学习活动可以随时随地发生等问题都是未来智慧学习环境建设的重中之重。

此外，未来智慧学习环境的建设还离不开整个城市智慧环境的建设。2014年，杨现民等人提出，未来智慧教学的统一身份认证将与智慧城市中的智慧医疗、智慧交通、智慧市民服务等接口绑定，社会各部门共享市民信息数据，最终实现人人拥有唯一的、个性化的、终身化的"智慧账户"。近年来，其他智慧城市服务都在如火如荼地展开，教学方面仅在省市级图书馆或校园智慧一卡通上有所展现，尚未真正实现与智慧城市的对接。正如国际上普遍认同的"智慧教学"概念派生于智慧城市，未来智慧学习环境的建设也必将寓于智慧城市的发展之中。

3. 以学习者为中心，构建可以落地实践的智慧教与学

具备了智慧学习环境，接下来需要面临的是如何构建智慧时代的教与学。国际学界对于智慧教学的研究多数以"Smart Learning（智慧学习）"为主题展开，我国近年来也一直致力于变革传统的教学模式，从"教师教"转移到"学生学"上来。可见，未来智慧教学的发展必定要以学习者为中心。当代学生是"数字一代"，他们从小接触技术发展带来的便利生活，信息化能力和素养很高，对于新型教学模式的需求也很高。

不断探索和开发以学习者为中心的新型智慧教学模式，设计线上和线下相结合的智慧课程，是未来智慧教学发展的突破口。国外在MOOC、SPOC、翻转课堂、微课等智慧型课程建设方面具备了较多的实践经验，我国也在部分一、二线城市展开了试点，且突破性地开展了"一师一优课"活动。未来，随着智慧教学和智慧课程在设计上的不断创新，在开展范围上的不断扩大，教师和学生的角色一定会发生根本性的转变。当然，智慧课程的建设和智慧教学模式的设计都是为学习者更好地开展智慧学习服务的。

智慧学习是在数字化学习、移动学习、混合式学习、泛在学习、协作学习、个性化学习等信息化学习方式上，融合智慧时代特征发展起来的新型学习方式。然而，国内外针对学习方式的研究多停留在纸面上的理论探讨，缺乏模型的构建和现实的推广。未来，智慧学习的研究应当结合时代背景并融合技术发展对其进行内涵说明和模型构建，并且在信息化条件较好的地区率先试点，为智慧学习方式的全面推广奠定基础。

4. 化被动为主动，全力推进新兴信息技术与教学的深度融合

将技术引入教学，在带来便利的同时，也引发了学者的深思。冷冰冰的技术支撑下的智慧教学往往容易忽视学习者的情感需要，以及个性化、差异化的学习需求，如果从传统的"教师教"转化成"机器教"或"视频教"限制了学习者创造性和主观能动性的发挥，那么智慧教学培养智慧人的初衷就无从实现。因此，面向个体差异的个性化学习研究和应用必将成为未来智慧教学发展的主流趋势，从国内外当前的研究前沿分析中也得到了印证。

个性化学习是技术与教学深度融合的表现形式，以机器学习和深度学习为关键支撑的人工智能技术的回归，对个性化学习进行了重塑和再造。目前，国外已有众多机器学习技术支持下的自适应学习平台得到了应用，如 Knewton，Dream Box，ALEKS 等；而国内相关组织和机构还处于萌芽状态，缺少成熟的应用案例，因此在推广的过程中还存在些许障碍。此外，个性化学习的推广还离不开智慧学习系统和移动学习终端的开发，我国当前已有不少企业开始试水，遗憾的是都在落地实践时屡屡碰壁，使用效率不高。例如，电子书包取代传统教科书利弊并存，屡遭质疑，这些都是技术还不够成熟造成的。

随着时代的不断进步和技术的不断升级，未来新兴信息技术必将渗透到教学系统的各个环节。若想促进技术与教学的深度融合，还应当厘清技术和教学之间的关系。技术的发展是为教学服务的，教学不应停留在被倒逼变革的风口浪尖上，而应当抓住机遇迎难而上，积极主动地适应技术带来的转变，并尽可能地帮助技术升级。

于政府而言，应当加大在新兴技术促进教学产业升级方向的投入，由点到面，尽早普及新兴技术在教学中的应用；于高校而言，要加强人工智能和教学之间跨学科人才的培养，密切与相关企业进行沟通合作，尽快实现教学的产业升级；于教师、学习者和管理者等一切技术受益者而言，在感受技术带来便利的同时，也应当及时反馈新兴技术存在的不足，帮助技术不断升级。

第二章　智慧教学的理论基础

随着科学技术的进步与信息化进程的加快，传统的教学模式在一定程度上已不能满足现代教育的需要。随着教育改革的不断深化和教学改革模式的不断推进，各种理论逐渐应用于现代教育中，全新的教学模式不断涌现，智慧教学巧妙地与各种理论有效结合，为现代教育提供了科学保障。本章主要介绍智慧教学的五大理论基础（建构主义理论、泰勒原理、行为主义学习理论、认知主义学习理论、人本主义学习理论），分别对每种理论进行科学分析，并进行述评，进而奠定智慧教学的理论基础，同时为智慧教学的实施提供理论指导。

第一节　建构主义理论

一、建构主义理论的科学分析

建构主义（constructivism）也译作结构主义，是由认知发展领域最有影响力的一位心理学家皮亚杰于20世纪60年代提出的，当时该理论主要用于研究人类对周围世界的学习和认知规律。建构主义可以比较好地说明人类学习过程的认知规律，即能较好地说明学习如何发生、意义如何构建、概念如何形成，以及理想的学习环境应包含哪些主要因素等。

（一）建构主义理论概述

建构主义理论认为，学习者在学习的过程中是能够主动构建知识的。学习者将自己已经获取的经验、技术及技能等作为前提，在一定情景下借助于其他力量（包括教师、学习伙伴及学习资料等），通过意义构建获得新知识，掌握解决问题的程序和方法，优化完善认知结构，从而使自身得到发展。建构主义流派百花齐放、百家争鸣，其分类方法多种多样。其中，最为著名的是马修斯分类法，即把建构主义分为教育学建构主义、哲学建构主义和社会学建构主义。其中，教育学建构主义还可以进一步细分成认知建构主义、激进建构主义和社会性建构主义三种类型。

（二）教学模式对比

传统的教学模式强调"灌输式""填鸭式"教育，以教师为中心，教师是教育的主导者，教师以"教"为主导，向学生传递信息，学生被动地接受信息。这种教育方法效果较差，学生对于所学知识不易消化、吸收。基于建构主义理论的教学模式区别于传统教学模式，强调教学应以学生为中心。

建构主义理论是一种新型的学习理论，该理论强调学生的主动探索式学习，且更加注重学生学习的自主性。建构主义理论不是将知识模型单一地由外而内地传递，然后堆积到学生的大脑里，而是让学习者以自己现有的知识体系为基础，通过自主学习建设属于自己的知识框架，进而把知识转化成自我认知的一部分，是一种主动构建知识经验的过程。这种探索式学习认为教育是以学生为中心的，是一种培养学生分析能力、判断能力及转化能力的重要手段。该理论认为学生是认知活动的主体，是知识意识的构建者，教师对于学生对知识意识的构建只能起到促进与引导作用，学生主动构建的意识是任何人都无法替代的。

通过解决问题的方式达到学习的目的是构建理论中以问题为导向的一种学习模式，强调把学习的过程放到解决复杂且有实际意义的问题情境中，通过让学习者真正地解决问题，掌握隐藏在该类问题背后的知识，从而形成解决实际问题的技能，同时提高自主学习能力。概括起来讲，建构主义理论强调了学习者自主学习的重要性。在学习过程中，学习者要充分发挥主观能动性，不断主动学习、主动探索，逐步构建出所需要的知识，进而探索出知识的意义。

二、建构主义理论的主要思想

（一）建构主义知识观

建构主义知识观认为，知识并不能如实地反映真实的世界，知识只是一种猜想。时代在不断变化，人也在不断进步，所以知识是没有终点的，对于知识的学习也是无止境的。随着知识的丰富，将提出更多新的猜想，所提出的猜想将不断地接近真理，即知识的学习过程是一个近乎真理的过程，知识要求人们对它勇于批判、敢于质疑，这样知识才能不断升华，从而越来越接近真理。

（二）建构主义学习观

建构主义学习观认为，学生的学习过程是一个主动认知的过程，不仅仅是教师负责传授而学生一味地负责接受，而是基于某一特定情境，在外界（老师、同学等）的帮助下，对外部认知客体进行加工，从而形成自己的见解，并在脑海中构建"图式"的过程。在建构主义学习观中，对于学生的自主学习过程而言，情境、协作等都是极为重要的要素。

（三）建构主义教学观

建构主义教学观认为，在教育教学活动中，学生是主导者，教师是推动者。学生是教学活动的积极参与者与知识的积极构建者，他们能够发挥主观能动性，应用已有的知识与技能获得新的知识。教师则不仅仅进行知识的传授，更应当辅助学生进行知识的构建，帮助学生创造机会、挖掘潜能，充分挖掘学生学习的自主性与创造性。

三、建构主义理论与智慧教学的关系

（一）智慧教学是建构主义理论的应用

建构主义学习理论是智慧教学实施的基础，智慧教学是建构主义理论的应用。应用建构主义理论进行智慧教学，简单来说，就是教师应用各种智慧教学方式引导并辅助学生进行智慧学习，从而提高学生自身能力与素质。随着社会的不断发展，当前的智慧教学不再是对信息进行简单的加工及利用，而是要以先进的科学技术为支撑，借助先进的技术手段与科学方法进行应用教学，常见的方式是通过大数据技术等进行教学。智慧教学作为一种创新性极强的教学模式，目前得到了社会的广泛认可，备受推崇。

（二）智慧教学是建构主义理论的创新

基于建构主义理论的智慧教学模式，是将学生置于积极构建者的角色，教师则扮演着"助手"的角色，学生成为课堂的主导。在该模式中，不再是教师进行单项讲解，而是更加注重反馈这一环节。教师创建教学情景，对学生进行帮扶引导，激发学生的学习热情，培养学生的自主性。具体而言，教师主要负责教学资源和教学内容的整合，一般是制作课件，以网络为平台，应用新媒体设备进行播放，学生进行自主观看学习。在学习过程中，学生带着问题进行自主探究；学习结束后，进行问题的回答，总结反思，教师进行学习结果评价，获得反馈并指导教学。智慧教学与平等参与式教学类似，都是以学生为中心，以学生发展为目的的创新型教学理论，但智慧教学中融入了建构主义理论，更加注重学生主观能动性的发挥，强调学习的自主性，以及学生对知识的构建。

四、智慧教学是建构主义理论主要的教学模式

在全面推进教育教学体制改革的进程中，现代化教育理念备受关注，教育理念创新势在必行，教育模式的改革深化大势所趋。近年来，建构主义在教育教学中得到普遍认可，各种基于建构主义理论的教学模式应运而生，建构主义对当代大学生的创新发展标定了新的价值。应用较广泛的建构主义教学模式主要有抛锚式教学模式、支架式教学模式、认知学徒式教学模式及随机访取教学模式。

（一）抛锚式教学模式

时下的教育理念强调学生在学习过程中要积极主动、勤于思考，既要学会知识本身，也要具备分析问题、解决问题的能力。抛锚式教学就是基于这一理念而形成的一种教学模式。

抛锚式教学模式也叫"实例式教学"或"基于问题的教学"。该模式是教师设计出某种特定情境，学生通过已有的知识经验及分工合作等手段，充分发挥自己的价值，积极主动地与其他成员密切配合，针对情境中具体的事件提出解决方案并付诸行动的过程，最终解决问题并获得知识，从而锻炼了自身对问题的分析与解决能力。这个情境中具体的事件被称为"锚"，因此抛锚式教学的名字非常形象。

（二）支架式教学模式

支架式教学模式与著名的苏联心理学家维果茨基所提出的"最近发展区"

理论有着异曲同工之妙。随着新课程改革的全面推进，建构主义视域下的支架式教学理念不断深入各个大、中、小学的课堂。该模式能够使学生在自主学习中得到更大的收获，也使得学习效果最优化。

支架式教学模式从字面意思上来看是为学生提供"支架"，即为学生提供一个学习知识的框架，帮助学生有效地构建自己的知识体系。对于学生来说，教师所提供的"支架"就是一种有效的学习工具，通过这个"支架"，学生能够对知识进行梳理，将晦涩复杂的知识变得简单易懂，加深学生对知识的理解。学生的学习思路是具有差异性的，支架式教学模式有助于学生探索出最适合自己的学习方式，从而有效提高学习的效率与效果。支架式教学模式也是以学生为主，教师为辅，这不仅是教学关系和格局的变化，更重要的是学生的积极性能够得到有效释放，同时教师合理进行教学引导，能够使学生进行自我探索，提高教育的效果。

（三）认知学徒式教学模式

认知学徒式教学模式是美国心理学家柯林斯于1989年提出的一种全新的教学模式。该模式将传统学徒制的核心技术与学校教育相结合，使学生实现知识系统化迁移，用将知识应用于具体问题的解决代替传统理念的学习与知识的获取。

认知学徒式教学模式主要包含四个方面，分别是内容、策略、教学次序、社会化问题。通过这四个因素的有效组合进行教学环境的构建，从而为认知学徒式教学提供保障。该模式在实际教学中影响深远、效果极佳。

在内容方面，规定如下：① 对学科基本知识的教授；② 设定解决问题的基本原则；③ 对知识进行筛选；④ 学习方式的选择。

在策略方面，主要包括如下六种：① 模仿；② 辅导；③ 拆分问题情景；④ 让学生表演与展示；⑤ 反思；⑥ 鼓励学生进一步探究。

在教学次序上，根据不同的划分次序规定如下：① 按照先易后难的顺序进行难易程度划分；② 纵横关系，逐步扩充知识；③ 先整体、后局部细化的总分关系。

在社会化问题方面，提出如下五种教学策略：① 情景学习；② 模拟；③ 学生与专家互动；④ 刺激学生的内在动机；⑤ 合作学习。

（四）随机访取教学模式

随机访取教学模式是一种综合性的教学模式，它既是对上述三种教学模式的检测，也是对多种教学模式的组合运用。

随机访取教学模式是对于同一教学内容进行不同教学方法的随机抽取，通过对不同教学方法的分析与比较，寻求想要达到不同教学效果应当选取的不同模式。随机访取教学模式可以将各个教学模式的优势加以利用，将不同模式进行组合，有助于学生根据自身特点进行合理选择，有助于提高学生从多角度分析问题的能力，以达到教学目的所要求的效果。

五、建构主义理论评述

（一）建构主义理论优势

从认知角度来说，建构主义对于认知给予了前所未有的关注，提供了科学的认知方法。为建构主义理论的发展奠定了科学的理论基础。

从教育观角度来说，建构主义着重强调了学生学习的自主性，鼓励学生突破传统的教育观念，摒弃传统教育观的桎梏，主张学生促进自己知识意识的构建，树立现代化的教育教学观。

综上所述，建构主义理论为现代教育的改革奠定了深厚的理论基础，是一种顺应现代教育发展的理念，为我国的现代化教育注入了新的生机与活力。

（二）建构主义理论缺陷

第一，该理论打破了传统意义上教师与学生所扮演的角色关系，对教师提出了更高的要求。在建构主义理论教育模式中，学生成为了教育中的"主角"，教师成为了教育中的"配角"，这种新的教学模式需提高教师整体素质。一些年纪大的教师，可能对传统的教育模式具有丰富的经验，但对这种新理论模式的应用极为困难，且难以改变。

第二，建构主义所提出的学习方法并不适用于所有学生，很多学生过度依赖教师的严格管控，高校相对宽松的学习氛围使得一些自制力差的学生可能会失去控制。教师的严格监督与指导对这些学生来说是一种保障，失去教师严格的约束力可能使得建构主义教学模式具有一定的局限性。

第二节　泰勒原理

一、泰勒原理的科学分析

拉尔夫·泰勒被誉为"现代课程理论之父""当代教育评价之父"，其著作《课程与教学的基本原理》被视为现代课程理论的奠基石。泰勒于1949年提出的"泰勒原理"，为课程开发提供了一个具有普遍适用性的理论框架，同时提供了一个极佳的培养方案解读视角。泰勒原理认为，制定任何课程及教学计划都必须从确定教学目标、选择教学经验、组织实施教学和评价教学结果四个方面进行。泰勒原理在国际上是一种极具影响力的课程设计与开发理论，在教育教学方面得到了广泛认可。

（一）泰勒原理的分析

学者李磊在《重读泰勒原理》一文中对泰勒原理进行了详细的解读。他指出，虽然人们对泰勒原理存在质疑，但不能否认泰勒提出的确定教学目标、选择教学经验、组织实施教学及教学结果评价对课程开发的重要作用。尽管泰勒原理存在很多不足之处，但在当今这个大的教育环境下，泰勒原理还是相当适用的，可见泰勒原理已得到学界的广泛认同与采纳。

对泰勒原理进行具体的剖析后发现，实际上，泰勒原理是一个分析教学活动如何进行教学方案制定、如何进行课程开发的行为过程。在开展教学活动之前，教育工作者应当做好以下四个方面的准备：第一，应明确想要实现怎样的教育目标，并将目标进行细化，拟定派生计划；第二，应确定提供怎样的教育经验能够达到上述教育目标；第三，怎样组织这些教育经验，即应当考虑如何保障教学任务的实施，考虑采取哪些措施来确保行动的可行性与合理性；第四，如何确定这些目标得以实现，即应依据怎样的原则进行教学结果的评价，而评价的目的在于反馈，还应做到及时反馈、及时发现问题、及时改进方法。

（二）泰勒原理的应用

泰勒的教育理论不仅对我国大、中、小学的课程设置具有十分重要的指导作用，而且对学生的培养模式有着深远的影响。教师想要上好一门课，应严格遵循泰勒原理理论框架的要求，教学目标的确定、教学内容的选择、组织实施教学过程及教学评价的每个环节都不可忽视。这些环节是相互关联的，任何一个环节出现问题都会影响整体教学效果，因此必须环环相扣、紧密联系，这样才能达到最佳教学效果。

教学目标的确定既是整个教学环节的基础，也是教学任务的前提条件，因此教学目标的确定极为重要，这也是教育活动的首要任务。确定好教学目标后，教学内容的选择、教学实施及教学评价才能开展，因此教学目标也为接下来的环节提供了依据。教学内容的选择至关重要，内容与目标的匹配程度直接关系到教育的效果。组织实施教学活动也尤为重要，教学活动的组织活动是确定教学目标和选择教学内容的保障。教学评价既是对整个教学环节的总结，也是对整个教学环节的改进与完善。

二、泰勒原理的理论框架

（一）教学目标的确定

教学目标的确定是最为关键的一步，它贯穿于整个教学过程，教学内容的选择、教学活动的组织、教学结果的评价都是紧随教学目标开展的，在开展教育活动之前，学校及教师应明确想要达到哪些教育目标。泰勒认为，要想科学合理地确定教学目标，不能仅仅依靠单一的信息来源。他主张对学生本身、实际情景、学科专家的建议等进行通盘的考虑，再通过哲学及学习心理学理论对教育目标进行筛选与严密的论证，最终确定教学目标。

依据泰勒原理，课程教学目标的设计包括行为目标与内容目标两个维度。泰勒认为，最有用的目标陈述形式是行为目标。行为目标也叫操作目标，指通过可以观察和可以测量的学生行为来陈述的目标，是用预期学生学习之后产生的行为变化来陈述的目标。学生通过学习后产生行为方式与思维感情的变化，行为目标即用可观察的学生行为来陈述某一特殊的学习结果。行为目标的陈述具备以下三个要素。

（1）具体目标，即用行为动词描述学生通过教学形成的可观察、可测量的具体行为。例如"写出""列出""解答"等，旨在说明"做什么"。

（2）产生条件，即规定学生行为产生的条件。例如"根据参考书""按课文内容""不用笔算"等，旨在说明"在什么条件下做"。

（3）行为标准，即提出符合行为要求的行为标准。例如"没有语法或拼写错误""90%正确""30分钟内完成"等，旨在说明"有多好"。

内容目标则是课程要完成的内容要求。内容目标可根据学校类型和具体学情按需选择，但需做到具体、可行。内容目标的建立包括以下两个方面的内容。

（1）明确教学活动想要使学生获得哪些知识与能力，分析课堂中学生可能提出的问题，并给予解决方案。

（2）依据学生具体情况拟定教学大纲。

（二）教学内容的选择

泰勒认为，教学内容是指学习者与他对做出反应的环境中的外部条件之间的相互作用。教学内容的选择即教育活动者如何选择可能有助于达到这些学习目标的内容，它对教学目标的实现起到至关重要的作用。

泰勒提出了选择教学内容的一般原则：为了达到某一目标，学生必须具有使自身有机会实践这个目标所隐含的行为的经验，教学内容必须使学生由于实践目标所隐含的那种行为而获得满足感，教学内容所期望的反应是在学生能力范围之内的。即教学内容应适合学生目前的成就水平和心理倾向等方面的条件，教育内容的选择也就是提供怎样的内容能够有效达到预期目标，这一环节是对教学内容进行组织的基础。教学内容的选择包括多方面的内容（如课程进度安排、经验与方法等），这一环节不容忽视。同时，泰勒还列举了有助于达成各种目标的教学内容的特征，使教学内容的选择更具有可操作性。

（三）教学过程的组织

教学过程的组织环节主要是探究如何对教学过程进行有效组织。泰勒认为，组织是课程编制的一个重要因素。

在进行教学过程的编制过程中，应严格遵守连续性原则、顺序性原则及整合性原则，这样才能够将教学过程有效地组织起来，学生对其合理利用，最终有助于实现教育活动所要达到的目标。连续性是指直线式地重申主要的课程要素；顺序性是指每一后继经验建立在前一经验之上，同时对有关内容进行更深入、广泛的探讨；整合性是指教学内容的横向联系，教学过程的组织应有助于学生获得统一的观点，并使学生的行为与所学习的课程要素统一起来。教学过程的组织环节对组织者有着较高的要求，组织者应深入课堂，了解不同类型学生的差异性，从而制定差异化的经验方法，保障组织的教学过程的确具有可行性与有效性。

（四）教学结果的评价

泰勒强调，课程开发是一个逐渐发展、逐渐进步的过程，随着经济、文化及教育等的不断发展变化，课程开发也趋于优化，因此课程开发始终处于一种不断变化的动态过程，并由教学结果的评价过程对其进行保障。

评价方法与教育目标必须相符合才能使评价的结果有效。评价也是后续对课程编制进行改进的基础。在教育教学的不断发展变化中，评价起到了极为重要的作用，因此，评价环节也可以说是反馈的环节。

依据泰勒的观点，评价不是仅仅打出一个分值或者简单地给出一段描述性的话，而是针对不同教育目标采取差异化的评价指标。评价过程中应本着客观性、科学性、严格性及指导性的原则，应用定性评价与定量评价相结合的方法。对于评价结果，要先分析结果、提出假设，再对假设进行检验。大多数的课程评价主要由对课程本身的评价、对教师的评价、对学生的评价三部分组成。

1. 对课程本身的评价

要客观地评价该课程选取的主题是否对所属学科具有较强的指导性，是否与所属学科具有相关性，与学生的研究方向是否联系紧密，该课程具有怎样的理论意义与实际意义，是否满足学生普遍性的需要。学生既是学校的一分子，也是社会的一分子，课程本身要对学生今后在社会中的发展起到一定的作用。课程不能偏离社会，应当与社会环境相适应；如果课程偏离了社会环境，那么就失去了教育的意义。

2. 对教师的评价

主要评价教师的教学目标与学生的需求是否具有一致性；教师是否治学严谨、要求严格，是否能够激发并调动学生的积极性，是否能够掌控课堂氛围，等等。

3. 对学生的评价

学生的听课状态尤为重要，听课状态直接影响学习效果。对学生的评价一般选择定性评价法。由于个体认知的差别，对学生的评价难以达成一致性的标准。

通过对教学结果的评价，对教学目标、教学方案进行及时反馈、及时调整，使得课程开发不断完善，顺应时代的发展，适应教育的改革。

三、泰勒原理与智慧教学的关联

泰勒的这种课程编制程序对一般的教学模式具有普遍适用性，对智慧教学的开展也起到了十分重要的作用。泰勒原理回答了如何进行课程的设计、如何开展教学活动、如何组织教学过程等一系列与教育相关的基本问题，智慧教学同样也是基于泰勒原理的四个基本程序进行设计的，因此，泰勒原理为智慧教学的顺利开展指明了方向。

基于泰勒原理的智慧教学应按照以下形式开展。教师在设定教学目标时，应将学生的兴趣纳入考虑范围。由于智慧教学是一种运用现代信息技术的教学方法，是以网络平台为依托的，因此教师可以通过制作与教学目标相关的、学生感兴趣的幻灯片和小视频等来激发学生的学习热情。教师选择的教学内容应是学生感兴趣的。兴趣既是教学的目标，也是达到目标的动机来源；兴趣既能引导学生有效地完成教学目标，又能促进学生进行后续的学习任务。教学内容的难易程度也需与教学目标相一致，并应具有实际效用。通过对新媒体的应用，教学内容应做到形式多样化、内容丰富化，生动且形象的教学内容更加易于学生理解、消化。基于网络平台的教学模式，学生可以对教学内容进行回放。

教师的教案是教学活动的依据和参考，虽然学生知道反复出现的内容是学习的重点，但是有一些学生由于各种原因溜号，或者由于自身原因现场反应能力较弱、抓不住重点，没有及时跟上老师的进度，在传统的教学模式下，一些学生因跟不上老师的板书而多次错过重点。智慧教学可以将教案以 doc 和 pdf等格式传递给学生，以便于学生日后的整理与复习；教师备课时，教师应对学生学习结果的评价、对教案自身的评价及对教学效果的评价进行预设，也可以对自己的教学过程进行回放，之后进行反思与评价，并不断修正自己的教学形式，使教学过程更加完美。教师还要不断提高自身对新媒体的应用能力，不断加强对新媒体技术的学习，使新媒体在教育活动中发挥出更大的价值。

四、泰勒原理评述

（一）泰勒为教育领域提供了一个课程设计的范式

这种范式被称为"课程领域的主导范式"，具有普遍适用性，能够被广泛应用，树立了科学化课程开发的里程碑，具有很高的理论价值与实践价值。泰勒原理所总结的课程编制的四个基本步骤为广大课程工作者所接受，直到今天，课程编制的基本模式还没有完全超出泰勒确立的框架。泰勒将评价引入课程编制过程，从而有助于课程的及时调整与完善，增强了课程编制的科学性。泰勒原理建立了课程编制的目标模式，将目标贯穿于课程设计的各个环节，使得目标更具操作性，使各个环节也形成了紧密的联系，便于学生接受。

（二）应用泰勒原理具有一定的弊端

在这种教育模式中，学生是被控制者，在课程开发和教育过程中被置于客体地位，始终处于被动的状态。教师在课程开发中的主体性、创造性也得不到应有尊重，且教师在教学活动中过分注重教学目标的实现，漠视非预设的或伴随性的学习成果，而且很容易忽略学生心理上的变化，在学生成长方面的关注程度不够。

（三）泰勒原理稳固的地位

尽管泰勒原理与其他任何课程理论一样在长期的应用过程中都具有一定的局限性，也受到一定程度的批判，但到目前为止，没有更好的课程原理或者课程模式能够取而代之，泰勒原理仍然是被广为采用的课程研究范式。总之，泰勒原理在教育教学领域中有着坚实的地位，这种广泛的影响力也是其他理论无法超越的。尽管一些学者对课程编制的模式进行了细化，如美国课程学者塔巴将课程编制模式细化为七个步骤，但大体框架还是以泰勒原理为基础，其基本原理是完全一致的。因此可以说，时至今日，泰勒原理仍然具有普遍适用性。

第三节 行为主义学习理论

一、行为主义学习理论的科学分析

行为主义学习理论于20世纪初被应用于应用语言学领域，属于应用语言学的主要流派之一，也是西方心理学流派的主要代表。行为主义学习理论也被称作刺激-反应（S-R）理论，是指通过观察和实验对人的学习行为进行研究的理论，所用到的方法主要是观察法和实验法。

（一）行为主义学习理论的基本观点

（1）学习是刺激与反应的联结，其基本公式是S-R。反应取决于刺激。

（2）学习过程是一种渐进的尝试与错误，直至最后成功的过程。学习进步的步子要小，对事物的认识要由部分到整体。

（3）强化是学习成功的关键。

行为主义学习理论的发生和发展不是一蹴而就的。该理论由华生创立，并由桑代克、斯金纳等人不断丰富、发展、完善，才得以逐渐成熟。

早期的行为主义学习理论的代表人物主要有美国心理学家华生、桑代克等。他们认为，学习过程是"刺激-反应"的过程，只有在外界刺激的环境中不断进行试探与失败，才能获得正确的反馈。因此，学习是一个由诸多步骤衔接而成的有序过程，是人类在外部环境刺激下做出的反应。

行为主义学习理论强调环境对个体的塑造作用。美国心理学家斯金纳创造了新的行为主义学习理论。他提出，强化是学习的关键。斯金纳在学习问题上还强调反应速率，认为当主体在进行学习活动时，其反应速率会提高；反之，则会下降。

（二）行为主义学习理论的分类

斯金纳将学习行为分为两大类：一类是受到刺激所造成的反应，即应答性行为；另一类是未受到刺激而做出的自身反应，即操作性反射。在学习过程中，应当注意及时反馈和及时强化，即教师要使学生尽快知道自己的行为结果并及时强化，给予及时的鼓励和鞭策。新行为主义学习理论在发展后期分裂成了两个学派，这两个学派分别是激进派和社会认知主义学习理论派。激进派仍以斯金纳为代表，社会认知主义学习理论派则以班杜拉为代表。班杜拉强调观察和模仿对学习的重要意义，即个体会在观察榜样的过程中有意识地进行行为正误性的判别活动，并将对他人行为的观察及模仿转化为自身的行为或产生新的行为的过程。

因此，学习行为是一种观察与模仿的过程，个体的学习行为取决于个体所处的环境，个体也会通过外界对某种行为的奖惩来强化自身的行为，这一过程叫作替代性强化过程。班杜拉还提出个体、环境、行为之间相互影响、相互决定的三元交互理论，即在不同的环境条件下，要求采取不同的行为方式，因地制宜，进而适应和改变环境，满足人们的需要。

通过对以上学者观点的分析，我们可以得出他们的一个共同点，即都折射出一个影响行为形成的重要因素——强化，他们都强调了刺激对学习的强化作用。这种刺激可以从正反两方面去解释：一方面，当学生表现良好时，奖励和表扬会进一步激发学生自主学习的动机和能力的发展；另一方面，当教师对不良学习行为进行批评或纠正时，会使得学生更加明确努力的方向。

（三）行为主义学习理论的影响

行为主义学习理论是将学习活动看作集刺激和反应于一体的一种行为方式，行为的习得是对刺激的习惯性反应。在"刺激—反应"的练习中，失败的反应逐渐减少，甚至消失，成功的反应则随着个体的反应逐渐增多，直至形成相对稳定的刺激和反应的联结。总而言之，行为主义学习理论是当代一种十分具有影响力的理论。在教育领域，该理论对学生的学习过程起到了一定程度的促进作用。行为主义学习理论在教育领域中的应用是安排可能发生变化的事件，从而促进学生学习。但是在实际教学活动当中，除了要创造能够促进学生学习的机会以外，还应做到及时反馈，这样才能有利于提高教学效果。教师要在学生对教学刺激做出反应后，及时给予反馈与评价，以便学生及时调整与修正，从而强化学生学习上的正确行为。

二、行为主义学习理论的应用模式

行为主义学习理论是当今学习理论的主要流派之一。在教育活动中，该理论认为学习是一种有计划、有目的的行为。行为主义学习理论在教育教学工作中的应用模式包括五个阶段，分别是"观察—模仿—重复—强化—习得"。这五个阶段联系紧密、不可分割。

（一）各个阶段之间的联系

"观察"体现在学习中就是教学环境（即教学素材和教师的教学行为），教师应为学生创造一个利于学习的良好环境。教师还应提供可供模仿的刺激物，积极的"模仿"是"重复"行为有效的基础，学生应重复这项模仿。正面"强化"则是"习得"的关键。斯金纳认为，这种强化必须是积极而正面的，即得到肯定的学习行为；反面、消极的强化，即指责和批评起不到习得的作用。

（二）各个阶段的应用过程

以行为主义学习理论为指导思想的教育方式应以教为主导、以学为主体。在观察过程中，教师起到主导作用，观察的重点在于教师为学生安排一个可供学习的环境，准备充分的教学工具、创造安静的教学氛围，以及拥有过硬的教学能力。创造好教学环境以后，学生才能进行观察和模仿。该环节要求学生具备敏锐的洞察能力及分析问题的能力，观察的重点不在于看了多少，而在于思维的活动。观察也是模仿的基础，学生根据自己的判断，对好的行为进行模仿，且不断重复这项模仿，以不断强化。强化包括积极强化与消极强化，积极强化是对模仿的巩固，消极强化则是对不好行为的改正，直至消失，最终达到习得的目的。但无论哪一种强化方式，都应注重强化的及时性，进而提高学生正向的反应能力。

综上所述，行为主义学习理论的"刺激—反应"概念应用在教学活动中，就是安排可能发生强化的事件以促进学习，进而获得习得。即为学生创造和安排一个或几个可以提供学习刺激，以便做出反应的机会。而在实际教学中，除了安排能够促进学习的机会之外，能够促进教学效果的原则在于即时性的反馈：在学生对教学刺激做出反应后，应有随之而来的反馈和评价，以强化学习上的正确行为。

三、行为主义学习理论与智慧教学的关系

行为主义学习理论阐述了自主学习的本质与过程，智慧教学是一种比较注

重学生自主性的教学方法，因此，智慧教学也是一种基于行为主义学习理论的现代化教育方式。在传统的教育模式中，学生的学习进度是一致性的，传统课堂的上课时间和教学实施空间的局限性在一定程度上阻碍了学生课下对知识的巩固，使得学生所学知识无法得到有效强化，也就是说，在一定程度上限制了每名学生的学习时间和学习效率。基于行为主义学习理论的智慧教学可以让学生有自己的节奏，学习时间不被限定，学生拥有更多的学习自主权，可以依据自己的想法调整学习时间与学习方法，有助于提高学习效果；还可以通过智慧教学的回放功能，查缺补漏，对不懂或者有疑问的部分进行反复观看，以达到强化的作用，增强学习动力，保持学习热情。

依据行为主义学习理论，当反应对环境产生某种效果时学习行为才会发生。在这个过程中，教学目标可看作强化物。智慧教学的两大主体——教师与学生，教师是教学目标的制定者，学生是学习行为的发生者，因此，教师在制定教学目标时越细致、越具体，教学效果就会越好。学生的行为受行为结果的影响，在行为后要进行强化。学生对知识的学习是有遗忘周期的，得不到及时强化，知识就会随着时间的推移逐渐减少直至消失，因此教师应注重提问环节。在现场教学中，大多数学生只愿意倾听，不善于表述自己的想法，由于紧张等原因不够主动地接受提问，从而影响强化的效果。智慧教学可以使学生不用与教师面对面，避免了学生对现场环境的恐惧，有助于提问环节的实施，从而有助于学习效果的强化。在智慧教学过程中，可以增设视频问答环节，在视频中通过主观问答和选择、判断对错等教学及训练的辅助练习方式，使学生不是被动地学习，而是在学习过程中主动思考，以便做出及时的反应，以保证反应得到强化，使学生保持积极的学习动力。此外，借助新媒体设备，教师可以充分利用网络资源，为学生创建良好的学习环境，这也有助于强化的实施。

行为主义学习理论还强调对学生的及时反馈环节。教师作为教育活动的实施者，应针对学生的课堂表现给予及时的评价。在智慧教学任务结束后，可以设立课后测验环节，以检验学生习得的成果；可以应用系统评分提高效率，在评分之后插入小知识点的详解，从而做到及时强化，有利于学生对知识的习得。教师还应通过鼓励激发学生学习的热情，发挥他们的认知作用。通过正向强化调动学生学习的积极性，提高学习的兴趣，促进学生发展。

四、行为主义学习理论评述

行为主义学习理论强调知识来源于外在刺激，在一些技能型训练、行为矫正活动中有着明显的作用。对行为主义学习理论进行客观评价时，我们发现该理论存在一些不可忽视的缺陷。

行为主义学习理论过度强调外在刺激，没有提及学生心理活动的变化，忽略了学生的心理。学生学习的心理特征对教学效果的影响非常大，然而行为主义学习理论否定了意识，只是片面地强调环境及教育的作用，忽略了人的主观能动性。行为主义学习理论还将人的学习混同于一般动物的学习，并没有体现人类本身的特性。该理论所设想的某些情境与实际生活中出现的情况存在较大差异。因此，仅依靠行为主义学习理论框架进行课程设计具有一定的缺陷，该理论在实际的教育教学活动中不能单独使用。

教师的个人素质、个人能力及对学习环境的营造直接影响学生习得的结果，不能对学生的学习行为进行及时性的强化，以及不能创造适宜学生学习的环境，都会影响最终的教学效果。尽管基于行为主义学习理论的教学模式是以学生为主、教师为辅的，但行为主义学习理论应用的成功与否受到教师个人因素的直接影响，因而使学生的学习过程受到一定程度的阻碍。因此，在该理论的应用过程中应当十分注重教师个人素质的提升。

第四节　认知主义学习理论

一、认知主义学习理论的科学分析

行为主义学习理论与认知主义学习理论都从不同方面阐述了自主学习的本质和过程。认知主义学习理论主要探究学习者对外部信息刺激所产生的心理活动，进而探究学习者进行心理加工的过程，即该理论强调学习者学习的主体性，提高其主体意识对学习效果的提升起到强大的推动作用。认知主义学习理论早期的代表学说有托尔曼的符号学习理论和格式塔学习理论，这些理论为新时期认知主义学习理论的研究奠定了基础。认知主义学习理论认为，学习是对客观事物之间关系的认识，是在刺激与刺激之间建立联系。学习是认识的重新组织过程，即将原有的知识结构和学习对象本身的内在结构相互作用，这是学习的本质。

（一）认知主义学习理论的基本观点

（1）学习是知识重组的过程，而不是刺激与反应的直接联结。即学习是认知结构的组织与再组织，其公式是S-AT-R（A代表同化，T代表主体的认知结构）。

（2）学习过程不是渐进的尝试与错误的过程，而是顿悟和理解的过程，不是靠试悟来实现的。

（3）学习过程即信息加工过程，人脑似电脑，应建立一个学习过程的计算机模型，应用计算机程序解释和理解人的学习行为。

（4）学习需要智慧及理解，而不是盲目尝试，对事物的认识过程首先是认识整体，若对整体的理解存在问题，则对学习任务的实现存在阻碍。

（5）外在强化不是学习产生的必要因素，没有外在强化也会存在学习行为。

（二）认知主义学习理论的启示

认知主义学习理论注重知识的养成及对内部心理机制的研究，认为学习并非盲目地不断尝试错误的渐进过程，而是个体对问题情境中的所有事物逻辑关系的豁然理解过程，是个体对目的与手段的关系的突然察觉过程，因此学习即顿悟。根据认知主义学习理论，个体学习过程就是学习者通过一定的意义，对已有经验进行重新组织，并不断修正已有认知结构。因此，学生是知识信息加工的主体，也就是知识的主动构建者，教师则是促进学生进行信息加工与知识构建的帮扶者。

教师应以最大限度促进学习者的同化和顺应，因此要求教师站在学生的角度去思考问题，应用情境教学，有利于学生对理论知识的理解，教师创建的情境还有利于学生对所学知识的应用。该理论还要求教师与学生之间加强交流，有效建立师生情感联结，因为学习环境不仅仅是物理空间上的教室、课桌、讲台和课件，还包括心理空间上的师生之间的情感联系。融洽的师生关系能够有效调动学生学习的积极性，学生常常因为喜欢某名教师而喜欢该教师所教授的课程。

二、认知主义学习理论的发展历程

认知主义学习理论的完善与发展经历了漫长的过程。早期对该理论的研究主要以动物为研究对象，认知主义学习理论源于格式塔学派的认知主义学习论。格式塔心理学的创始人苛勒在以猩猩为实验对象的实验中，给猩猩设置了许多问题情境，通过长期的观察和实验，提出了格式塔理论。该理论的主要观点是：学习不是刺激与反应的简单联结过程，而是改组旧经验的组织结构并重构新的组织结构的过程，顿悟就是对问题情境的突然理解。

该理论的丰富者托尔曼也表达了对学习是刺激和反应直接联结的不满，他认为二者之间还存在有机体的内部变化及学习者内部大脑活动这一重要环节。托尔曼把学习认知看作一种有目的的、整体性的行为，强调目的与认知是重要的中介变量。皮亚杰等的认知结构理论认为，学习者头脑里的知识结构是新材料或新经验与旧材料或旧经验结为一体而形成的内部知识结构，这是主动形成的，而不是被动形成的反应。布鲁纳在对人的学习进行观察和研究的基础上提出了认知发现说，即学习者的学习是主动发现并形成认知结构的过程的观点，强调学习者的主动性和独立思考过程。布鲁纳认为，学习包括获得、转化及评价三个过程，学生不是被动的知识接受者，而是积极主动的信息加工者。

奥苏伯尔的认知同化论强调学习材料本身的内在逻辑联系，认为学习的实质不是通过联想和机械的学习获得文字符号的表面联系，而是新的有内在逻辑联系的学习材料被学习者原有的认知结构同化和改组形成新的意义。加涅分析了学习者学习时的大脑内部活动的全部详细过程，应用信息加工的学习模式来说明学习的过程，指出学习既受到外部条件信息输入结构与刺激形式的影响，也受到内部条件学习动机和已有知识技能的影响。海德和韦纳的归因理论认为，学习者的行动受到内归因和外归因的影响。内归因包括学习者内在的能力、人格、情绪、意志等，外归因包括外在的工作难度、工作环境、机遇等。对归因论的应用，可以使管理者对成功与失败的教训进行总结，以此来调动工作的积极性，提高工作的效率。

综上所述，认知主义学习理论强调知识的刺激和反应间有机体的内部活动这一重要的中介过程；强调学习者对发现信息资料的主动性，主动控制和理解周围环境的心理；强调学习材料本身的内在逻辑联系，新、旧知识在学习者大脑内部的同化和改组；强调外部信息输入结构与刺激形式的影响。

三、认知主义学习理论与智慧教学的联系

认知主义学习理论是社会各个领域高速发展的产物，也是心理学、教育学及管理学等学科交叉渗透的产物。随着教学体制改革，认知主义学习理论越来越得到教育行业的认可。

认知主义学习理论对课程的教学安排和应对教学所面临的问题具有重要的指导意义。根据认知主义学习理论的思想，在教学设计上应从学生接受知识的角度来组织和安排知识，选择适合学生认知结构的教材；在教学过程中突出知识之间的逻辑联系；在课堂中适当采用情景式教学以促进学生在情境中感知知识，从而提高接受知识的效度；组织学生自主学习和讲演，提高其自主获取知识的能力；在教学过程始终用关心、关注、关爱营造融洽的课堂氛围，促进学生更好地进入学习。认知主义学习理论更适用于智慧教学，目前，将认知主义学习理论运用于智慧教学模式中能够取得更好的效果。

在智慧教学实施过程中，在新媒体设备上同时出现插图和文字会使教学效果优于二者分离出现。因为插图与文字同时出现能使学生所形成的两种表征同时进入到工作记忆中，能使学生更形象地理解教学内容，因而更加方便记忆，这样两种表征之间的心理联系就会很容易地被建立起来，从而促进学生对学习材料的加工记忆和深入理解。在智慧教学模式下，可以增设学生 PPT 讲解环节，成立小组，每个小组选取与课程相关且感兴趣的主题，合理分设任务，应有一名学生负责收集资料，一名学生负责整理资料，一名学生根据资料进行 PPT 制作，一名学生进行 PPT 讲解，因此，由四个人左右组成一个小组比较合理。每节课在上课前留给学生十分钟的时间，不仅能调动学生自主获取知识的积极性，还能锻炼学生的团队合作能力与现场表现能力。

此外，教师应充分发挥同化与顺应能力，不断修正学生的知识结构，对已有经验进行重新组织，从而达到最佳的课堂效果。

四、认知主义学习理论的评述

首先，应肯定认知主义学习理论在教育教学领域中的重要地位。认知主义学习理论是通过研究人的认知过程来探索学习规律的学习理论，该理论认为人的意识并不是由外界刺激直接给予的，而是外部刺激与认知主体内部心理过程相互作用的结果，学生可以根据已有的经验、知识体系、兴趣爱好对当前外界

的刺激进行主动的、有选择的信息加工。该理论为教育的发展奠定了基础。

然而，认知主义学习理论与行为主义学习理论类似，在教育领域的运用都具有一定的局限性。认知心理学在行为主义心理学的基础上重视了人类的认知结构，但忽视了人类的情感、价值观、态度等对人类学习的影响。认知主义学习理论最大的不足之处是没有揭示学习过程的心理结构。学习心理是由学习过程中的心理结构，即智力因素与非智力因素两部分组成的。智力因素是学习过程的心理基础，对学习起直接作用；非智力因素是学习过程的心理条件，对学习起间接作用。只有令智力因素与非智力因素紧密结合，才能使学习达到预期的目的。而认知主义学习理论对非智力因素的研究还不够。

此外，尽管该理论是以学生为主导，教师作为引导者，但是教师对学生学习行为的影响是较大的，教师负责调动、引导学生的积极性，教师的个体素质能够直接影响学生的学习效果。然而，认知主义学习理论过度强调学生的主观能动性，忽视了教师的引导、帮扶作用。

第五节　人本主义学习理论

一、人本主义学习理论的科学分析

人本主义学习理论于20世纪50年代末诞生，建立在人本主义心理学的基础上，代表人物主要有马斯洛、罗杰斯、康布斯等。从字面意思上来看，就是一种"以人为本"的学习理念。该理论要求在教育教学活动中，应当把学生放在第一位，教师的作用在于为学生创造机会、挖掘潜能，使学生能够自主学习，最终实现自己的目标。

人本主义学习理论的重点在于教师要充分尊重学生，不断挖掘学生自主学习的能力。该理论得到了教育领域的广泛认可。王彬菁在对应用型本科师范生信息化教学能力培养模式的研究中指出，人本主义学习理论对培养和提升学生的自主探究学习能力及批判性创新思维起到非常重要的作用。苏莉在对人本主义视角下教师的角色与目标定位的研究中指出，教师在教学过程中应是学生身心发展的引领者，教师应在学生学习过程中帮助他们实现自我监控、自我提升，引导学生拓宽视野，帮助学生提高综合素质。因此，人本主义学习理论是培养人全面发展的科学理论。

（一）人本主义学习理论的基本观点

1. 学习是人的自我实现，是丰满人性的形成

人的成长源于个体对自我实现的需求，自我实现的需求是人格形成发展、扩充成熟的驱动力。自我实现需求是马斯洛提出的人对自我发挥和成就的渴望，实现一定的理想和抱负。该理论认为教育的根本目的是激发学习者的学习动机，挖掘学习者的潜力，从而使学习者能够自我教育，达到自我实现的目的。

2. 学习者是学习的主体，任何正常的学习者都能够自我教育，教师应当充分尊重学生

人本主义学习理论强调教育活动以学生为核心，教师应给予每名学生充分的尊重、支持与认可；教师应信任学生能够自我教育、自我管理，并通过自身价值最终实现自我。

3. 人际关系是有效学习的重要条件，人际关系在学与教的过程中创造了"接受"的气氛

人本主义学习理论认为，想要理解人的行为，首先要做到改变人的信念与知觉。该理论特别注重学习者学习的知觉、意图、情感及信念，认为这些是导致人与人差异的内部行为。因此，人本主义学习理论强调要以学生为中心进行学习情境的构建。

（二）人本主义学习理论的理解

由人本主义学习理论的观点可以看出，人本主义是一种认知与情感相结合的整个精神世界的活动，该理论反对传统的"填鸭式"教育，认为人是区别于动物的，是有思想的。

该理论的教育模式更加注重学生的全面发展，关注学生的心理活动与认知结构。该理论的教育方式不只注重对学生学习目标的培养，还关注学生的心理健康、人际交往等方面的建设，加强学生之间的互动，培养学生健全的人格。教师给予学生充分的尊重，帮助学生排解压力，使得学生的个人潜能被充分激发，教师是"配角"，而学生是"主角"，不是学生简单地受教师的支配，而是教师将主动权交给学生，并针对学生的实际情况，开展多样化与个性化的教育教学活动。在此基础上，学生能够进行自我管理、自我学习，教师负责配合、引导学生，为学生的自我实现提供不竭的动力。

二、人本主义学习理论的基本教学观

随着课堂改革的不断深化，传统的课堂教学在一定程度上已经不再适用于当代教育，人本主义学习理论所倡导的以学生为中心和自主学习的教学观对现代课堂教学产生了深远的影响。该理论的主要教学观点体现在以下三个方面。

（一）教学目标：尊重人格需要，发展自身潜能，最终实现自我

自我实现是主要的教学目标。人本主义学习理论强调学生的创造性发展和自我实现。罗杰斯认为，每个人都有一种内在的推动力量，那就是自我实现的需要。学生时期正是培养创造性的重要阶段，因此，在课堂教学过程中要发展学生的个性，教师在教学活动中要吸引学生，激发学生的好奇心，从而增进学生对学习的渴望，让学生的潜能得到发展，使学生自然而然地去自我实现。

（二）教学内容：自由选择学习内容，重视学生的直接经验

人本主义学习理论着重强调学生学习的直接经验。学生对课堂上传授的间接经验知识不容易完全接受，因此间接经验应给直接经验让步。学生可以按照自己的想法合理分配时间和任务，教师的教学内容应当符合学生的认知能力及当前阶段学生的特征。教师在教学中通过激发学生的内在动机，促使其进行探究学习，通过自主学习积累自身直接经验。

（三）教学过程：重视有意义学习，提倡自由探索

罗杰斯认为，学习应分为有意义学习和无意义学习两种。有意义学习不仅是积累知识的学习，更是一种能够使个人的行为态度和个性发生重大变化的学习。传统的教育盲目追求升学率，在一定程度上忽视了学生的创造能力、思考能力，教学目标的直接性与单调性使教学过程较为枯燥，教学效果也不尽如人意。人本主义学习理论要求教育教学过程中给予学生更多的自主权，让学生成为课堂的主导者，在课堂上自由探索、大胆想象。因此，教师应重视学生的有

意义学习，鼓励学生勤思考、敢尝试，同时教师要进行有意义教学。

三、人本主义学习理论与智慧教学的联系

随着教育改革的深化，在教育教学活动中，教师不再是课堂的中心，学生的主体地位显著提升，教师由"主角"变成"配角"，这种变化在智慧教学中尤为明显。实际上，这是智慧教学应用人本主义学习理论的结果。

（一）科学地分析学情

根据人本主义学习理论，为更好地评价信息化教学，教师要挖掘学生的自主学习能动性。这就要求教师对学生具有深入的了解，能够科学地进行学情分析。首先，应建立和谐的师生关系，这就要求教师给予学生充分的尊重。在智慧教学当中，教师与学生通过信息平台进行信息传递、信息交流，是处于平等地位的，教师应真诚地对待每名学生，加强沟通，及时了解学生的心理变化及情感变化，关心每名学生的心理健康，构建和谐、融洽的师生关系，这也是有效开展教学活动的基础。其次，在调动学生学习的积极性、自主性上，教师起到决定性作用，应根据不同阶段学生的实际情况，结合学生心理特点、年龄特点、兴趣等，设计具有针对性的课堂环节，提高效率，充分调动学生的积极性，激发学生的学习热情。

（二）学生的自我实现

运用信息化的教学平台，非常有助于激发学生的学习热情。教师既可以将PPT做得更加生动，插入动画与音乐；又可以加入与教学主题有关的小视频，加深学生学习印象；还可以建立一套考核评价体系，虽然考核评价体系不具有吸引力，但是所要实现的目标对学生具有很强的吸引力，学生都想得到好的名次和奖励，教师对学生最终的成果进行排名，并设定基于结果的奖励，促使学生积极主动地学习，达到自我实现的目的。

基于人本主义学习理论的智慧教学，总结为一句话是：科学有效地运用信息技术进行课程的设计，教师认真分析学生学情，充分尊重学生的认知规律，以学生为中心进行教学设计，让学生实现自我。

四、人本主义学习理论评述

人本主义学习理论的一些观点逐渐得到教育教学活动的认可，这也是顺应教育发展要求的一种理论，即通过科学的学情分析、教学设计与评价反馈完善信息化教学，从而更好地辅助学生学习，进而促进教育教学质量的提升。尽管人本主义学习理论对于教育领域的发展影响深远，但是客观地看待人本主义学习理论，其还是存在一定的缺陷。基于人本主义学习理论的教学模式存在以下不足。

（一）过度强调学生的主体地位

人本主义学习理论强调教师要以学生的兴趣爱好、学生的认知结构进行课程设计，但该理论忽略了一个很大的问题，学生的心智还不够成熟，教师只是按照学生的想法进行课程设计会影响教学质量。既然教师是知识的传递者，那么教师的作用也不能忽视，在对信息的筛选与传播方面，应当酌情考虑教师的意见。此外，虽然教师应给予学生充分的尊重，但是教师应有一定的权威性，如果教师没有威信，会导致学生不听从指挥，课堂则会成为一盘散沙，适当的威信对于有效的教学活动来说是必不可少的，这种威信使学生产生一定的紧张感，能够对学生的学习起到督促作用。

（二）片面强调学生的天赋潜能作用，忽视环境与教育的作用

根据人本主义学习理论的观点，在课堂教学中应充分发挥学生的内在潜能和创造性。片面地重视学生的天赋潜能，实际上违背了学生发展的客观现实。环境对于学生学习的影响是至关重要的，俗话说"环境造就人"，学生的培养目标要与社会发展的大环境相协调，如果不顾及环境的影响而盲目培养，不利于学生以后在社会中的发展。社会环境的变化对学校的教学方针及教学目标起着导向作用，学生既是学校的一部分，也是社会中的一分子，学生的发展既会受到学校的影响，也会受到社会的影响。因此，应注重环境的作用，根据社会需求并结合学生个体特征进行培养，放任自流式的"自由学习"在当今这个社会环境下不能完全适用。

（三）过分突出学生的兴趣与爱好，忽略了社会发展的需要

人本主义学习理论尤其强调学生兴趣与爱好的重要性。该理论认为，依据学生的兴趣与爱好进行学习，就一定能取得好的结果，实现有意义学习。这种理论过于片面，与实际情况并不相符。社会的不断发展变化及就业竞争的激烈，使我国十分重视学生的学习。学生的生活圈基本限于学校和家庭，因未正式步入社会，他们的认识上还存在一定的狭隘性，一些学生不能完全理解社会发展的需求，也没有找到学习的意义。因此，课堂教学主张的教学方法必须符合学生心理发展水平，并不是顺应其原有的水平，而是在已有学习的基础上实施教学，帮助学生提高认知能力，实现其有意义学习，从而使学生的发展适应未来社会对人才的需要。

第三章　智慧教学的教师角色

　　智慧教学是在整个教学过程中利用"互联网+"技术，将整个教学过程切入，实现师生之间实时互动，高效、智能的教学过程。以讲课为主的传统教学方式，由于交流不便、学生难以长时间上课，所以教学效果和效率都比较差。因此，智慧教学需要在课程中引入新的教学模式，打造一个可以依托智慧教学的网络平台，形成一种课前、课中、课后多元互动的教学模式，突出教师的使命和教学目标。

　　在智慧教学模式下，教师可以扮演"连接者"和"创造者"的角色，教师要着力发挥"团结"和"创造者"的作用。教师的角色可以成为学生成长和未来发展的催化剂。在现代课堂中，教师能够在人与机器等交流之间发现有效的信息，刺激学生的成长和发展，并预测学生未来的成长和发展。

　　在智慧教学模式下，差异化和个别化也是教师需要做到的。在人工智能时代，教师应充分发挥主观能动性，增强对创造性的理解，使教育成为一门艺术性工作。只有做到差异化和个别化，才能够有效改善师生之间的关系，让学生的生活更加幸福快乐。智能教育系统正在高速变化，但有一件事没有改变——要有足够的教育来帮助人们使用先进的技术。从根本上来说，教育仍是教师点燃学生灵魂的一把火。

第一节　教师的概念和发展

一、教师的概念

　　从学科的意义而言，我国的教师科还是一门非常年轻的学科，人们对教师概念的研究时间不长。通过梳理教师概念研究的文献，可以看出，近年来虽然相关研究伴随我国教师的变革在不断发展，但是这些研究从不同的视角对教师进行了概念界定，对深化教师认识起到了积极作用。当前，学界主要从以下两种视角讨论教师的概念，体现了教师多元的内涵特征。

（一）教师概念的内涵

1. 教师专业化视角下的教师概念

随着教师专业化理念成为引领教师角色改革的风向标，深入推进教师专业化实践也成为实现基础教育和深化改革的必要条件。有学者认为，教师科是以教师专业化实践为导向的一门应用性学科。这一概念的提出，一方面规定了教师的专业性内涵，即教师的逻辑起点与终极旨归皆在于通过专业化的培养方式造就具有专业知识、专业技能与专业情意的专业化教师；另一方面规定了教师的实践性内涵，即教师科自始至终是直接服务于以教师的教学实践为导向的实践应用型学科。从构建教师终身化专业发展的指导理论出发，这一概念赋予了教师"理论性内涵"，并引发了学界对教师性质的诸多讨论。

2. 教师一体化视角下的教师概念

随着教师职前培养与职后培训相互割裂、各自为政的局面日益加剧，教师在各阶段进行有效整合中形成了教师一体化的基本格局。因此，将教师一体化理念纳入学科概念建构，提出教师科是研究教师培养规律的知识系统和探究教师职前教育与在职发展过程的一门学问。这一概念体现了教师的整体性内涵：从研究对象来看，教师致力于促进各专业发展阶段教师的专业成长；从研究内容来看，教师既关注教师培养与培训知识的生产，又关注教师培养与培训过程规律的探寻。

（二）教师概念的认识问题

教师概念的多元诠释为教师获取来自多元研究视域与理论立场的发展动力带来可能，对深化教师科内涵起到积极的作用。但是，过于分散的研究视域可能导致教师概念研究的失焦。对教师的系统认识必须基于明确而规范的教师概念。关于教师概念的研究主要存在以下两个方面的问题。

1. 教师概念形成的逻辑理路

学科的概念在某种程度上表现为历时性研究与共时性研究的集合体，只有共同关注历时状态与共时状态下教师内涵的演变与积淀，才能形成对教师概念的准确认识。已有研究更多关注在教师专业化与一体化等改革实践样态的演变中对教师概念进行历时性探究，虽然这为学科概念的形成与完善提供了一些思路，但是在一定程度上忽略了对关键要素在共时形态下逻辑关系的总结与集成。概念作为一门学科的研究起点，不仅要关注学科具体实践的个别性与流变性，还要通过理论抽象获得普遍理性认知来反映感性认知，做到从感性到理性的改变。若一味地以经验来主导教师概念界定的方向，而非对概念所应包含的核心要素有所共识并展开集中而深入的探究，将会影响研究焦点的确定与研究边界的勘定，使得教师科在阶段性的发展变革中不断摇摆，以及陷入无休止的身份争议，从而难以获得长足的发展。

2. 教师概念的建构依据

虽然对教师的研究对象、研究方法、学科性质等关键性问题进行了不同程度的诠释，但是仍存在一定的模糊性，主要体现在以下三个方面。一是关于研究对象。虽然将教师专业发展的全阶段纳入教师的研究范围体现了概念内涵的全面性，但是这些研究并没有细化教师的研究对象，教师研究对象的模糊性在一定程度上掩盖了教师研究对象的独特性。二是关于学科性质。教师的发展既需要包括实践与应用在内的实用取向发现，又需要包括理论与价值在内的抽象取向规约。而已有概念研究中所体现的学科基础理论性或实践应用性之争忽略了对纯理论研究与纯应用研究的中间地带的讨论，使教师在非此即彼的刻板选择中迷失发展方向。三是关于研究方法。纵观已有教师概念的研究，一直存在着教师研究方法的疑问，教师若想获得持续的科学化发展，必须从概念层面对研究方法展开必要的讨论。正是由于缺乏对以上关键性问题的共识，教师概念长期以来模糊不清，从而造成了人们对教师作为一门学科是否合理的质疑，不利于彰显教师价值与规范教师的学术研究。因此，正面回应争议与质疑，厘清教师的关键问题是进行教师概念界定的前提条件。

二、教师概念的发展与智慧型教师

（一）教师概念的发展

教师概念的建构不应止步于对各视域下教师概念的简单集合，而应在多维透视的基础上剖析突出问题，观照教师的教师理论与实践的本质意蕴，把握教师科特征，探寻教师何以存在的理性依据，从而规范界定教师概念。这不仅有利于丰盈教师本体，而且有利于教师的健康发展。

纵观教师的发展历程可以发现，教师概念的发展是与社会经济发展密切联系并同步发展的，随着对学习和知识传播的理解不断深入，教师的职能也发生了巨大的变化。从传统意义上的"传道、受业、解惑"到知识学习的引导者，教师的地位和角色也发生了较大的变化。时至今日，社会发展对教师的要求越来越高，需要掌握的各项技能也逐渐增多，尤其是信息技术的掌握，已经成为教师必须掌握的技能。

（二）智慧型教师

1. 什么是智慧型教师

什么是智慧型教师？对于智慧这一概念，国内外学者有着不同的见解。智慧首先体现为现在学生高阶思维能力和解决复杂问题的能力；其次体现为对道德和个人价值的认同；最后综合表现为智慧化的成功使用，创造力和知识达到"共善"。智慧教学必须渗透于教育与教义之中，教育的境界是其重要的体现。教师是教学的设计者和直接实施者，应掌握智慧教学全过程，因此，智慧教学需要智慧型教师的精心设计和实施。无论是在理论上还是在综合素质上都对智慧型教师提出了新的要求和挑战。

智慧型教师是不断探索学习规律，通过实践进行智慧教学，在教学活动中充分发挥其智慧、灵活性和创造性的教师。他们获取知识和运用经验，通过师生在教育和学习中的互动，让双方都得到解放，使学生的理解力和学习力更强。熟练的教师必须具有高水平的教育技能。随着教育信息化的快速发展，对教师素质和教师相关技能的掌握也提出了新的要求。

智慧型教师应具备优秀的专业知识、扎实的理论学养、良好的人文素质和信息素质，同时应具有与时俱进的创新精神及终身学习的动力，并且以促进学生智慧与创新思维的发展作为主要的教学目的。这对信息时代下教师的教育水平提出了更高的要求，也提供了新的发展机遇。

2. 为什么要成为智慧型教师

为什么要成为智慧型教师？教育最大的挑战是学生认为教师讲的知识没有用，学生更多是以应试为目标而学习的。在应试的目标导向下，学生的学习是被动的。钱学森教授曾问："为什么我们的学校总是培养不出杰出人才？"教师的教学方式和学生的学习方式如果不改变，就很难培养出优秀的人才。学生正确评价自己的能力，并非仅仅通过课堂教学过程就可以实现，而是需要学生经历发掘、思考、总结、选择和评价的思维过程。只有形成科学的创新能力、创新性思维，学生才有战斗力，才有信心和动力去行动学习，这也是学生学习的核心动力源泉。

教育改革的方向是智慧教学。智慧教学中的"智慧"体现在学生的智慧和教师的智慧上。从学习方法论的角度充分运用智慧的核心，让学生在探索中学习，用智慧去学习，用心去学习。同时，教师应明智地教学，选择正确的教学方式，通过提供有效的学习机会，尽可能培养创造性智慧。将学习的知识融入学习科目，使学生智慧教学的实用性越来越高。

3. 如何成为智慧型教师

如何成为智慧型教师？评价智慧型教师有三个标准：一是教学模式好不好；二是有没有教学环节；三是信息技术支持是否可以有效地建立情境学习环境。这三个标准也是实现全面集成的关键。教学模式可以根据教学目标和教师内容进行改革。

学生需要有意识地学习，老师将知识传达到现实生活中，并为学生提供适当的问题和任务。根据各种训练技能要求，问题和任务必须以基础知识和解决问题的方法论为基础。教师可以为整个学科设计一个单元，也可以设计知识点和领域。多媒体工具在不同层次对问题的使用是由信息技术的需求提供的，问题和任务是通过使用网络学习空间提供给学生的。

学生的个性化学习，学生知识整体化和知识个性化的核心理念是确保学生在问题或任务的驱动下选择合适的学习方法，并根据自己的实际情况选择有效的学习工具和学习能力。学生要能思考、能创新、有智慧，有一个学习模式，尽可能通过研究来获取知识。智慧是通过归纳和探究产生的，灵感绝不是智慧，而是可以通过后天培养出来的。教师需要用考试测验来激发学生思考和探索。教师必须向学生提供有关知识所需的信息。由教师系统驱动的学生在调查背景下发明和引入知识及应用的基本概念，并将其转化为实践技能。此外，基础知识和方法必须由教师安排以支持环境，并且必须与现有的知识建立关系。这样才能培养学生的创造力和创造性思维，从而达到智慧教学的目的。

要想学得轻松，关键是要解决学习新技能的难点。理解难学难懂的点，必须对信息技术与课程的深度融合进行说明。破解难点有很多方法，以微课为例，微课可以将课程的难点进行整合或精讲，并压缩讲解时长，使学生可以快速理解和掌握难点。

结合学生的智慧和教师的智慧，以学科为中心，教学方法更加丰富、全面、多样，这是一种智慧教学。在教学过程中，教师充分利用一切可用的、丰富的学校内容，让学生自由学习、相互讨论、了解真相，在轻松愉悦的氛围中丰富学生的学习、探索和获取能力。

第二节 智慧教学下教师需要具备的素质

随着网络教学的不断推进，教师需要具备较高的知识素质，才能更好地完成教学工作。教师不仅需要扎实的基础知识和专业知识，还需要在教学中融入现代的教学理念。

一、教师需要具备的能力和精神

（一）终身学习的能力

作为一名教师，需要学习反思自己。随着网络教学的不断变革和实施，不断变化的教育观念将影响学生的学习。教师要利用新观念的改变完善教学目标，不断反思网络教学的理论和实践内涵，思考教学过程如何与信息技术融合。

终身学习，持续改进和自我完善，是一生都需要进行的事情。只有不断学习，才能丰富自己的知识，在积累中更新知识，在各种技能上有所进步。教师要把学习融入日常工作，坚持终身学习，在学习中提高自己、超越自我，多方面丰富自己，提高教学水平。

当前是信息时代，知识传播的速度更快，方法更加多样化。因此，教师通过学习武装自己是非常有必要的。通过学习新的手段和技术，实现与时代的融合，更容易接受和掌握新知识，让新的元素融入课堂，让课堂变得更加强大。

教师应研究和运用先进的教学理念和方法，并真正理解这些新概念、新方法的内涵，把握其本质，将精神与灵魂融于教学之中。

教师应能够运用现代教学方法和先进的终身学习理念进行教学，以在教学方法上有所进步，提高整体能力。

在智慧课堂下，教师要不断地提升自身的核心素质。教师只有内外兼修，不断提升自身的核心素质，才能提高智慧课堂的质量和效率，促进学生的全面发展。亚里士多德认为，人类有智慧行动的能力。教育实践智慧是指教师运用教育技术达到一定教育效果的能力，主要表现在教学艺术和教师在解决教育问题时所表现出来的教学智慧。

（二）教学创新的能力

教学活动的主体是具有教学创造力的教师，如果教师是被动的，或者他的活动完全屈从于他人，那么他已迷失自我，并不是真正的教学创造力。只有那些在教学活动中具有主观性的人（即有意识的创造者），才是教学活动的真正创作对象。只有成为创造真正教学活动的主体，其教学活动才能称为实践智慧。

在教学创意阶段，掌握教学活动领域的第一手信息是教师面临的挑战。教师获取教学活动信息的方式不同，这些方式并非与生俱来，它们只有一个来源，即客观而真实的教学生活。

具备教学创意的基本条件是教师储备了大量的教材，教师需要在教育活动中鼓励自己参与教学创意过程。如果没有教学创意，那么任何教材和事件都只是一堆缺乏逻辑和结构的碎片。通过教育创造趣味活动是为了鼓励教育的实践，它是由教材形成的一种独特的联系，是当前教师刻意关注的点，被外包在教育活动中。在教育实践中，教师的精神悟性是教师智慧的主要体现。这种悟性是教师在长期的教学实践中形成的一种教育体验。例如，如何将内容与教育形式相结合以更好地传达知识，对于学生来说什么样的教学方法是更好的学习体验等。

（三）高尚的精神

有自己的教育理论的教师是有智慧的教师，他的教育理论一定是光彩夺目的。具有智慧的教师通过一个明确方向的教学价值，鼓励学生对美好事物的向往，激发个人脑海中不断涌现的对美好事物的渴望，引导个人生活的自我发展。

哲学中有一个经典问题，那就是人为什么活着。教育也应该有这样一种形而上的思维，这就是教师教学的目的。在教育实践中，教师要有教育使命感，有厚重的教育思想，如果教育中没有人的渗透，没有价值的引导，那么教师的职业生涯注定是苍白无力的。智慧的教师可以激发学生的灵魂。智慧的教师要有自己的理论，并把这个理论深化到自己的教育价值中，形成自己的教学信念。从某种意义上说，信仰是良好教育的必然要素，也是成为智慧的教师的必备素质。

教师对教育实践的理解和创造必须涉及自己的理论和信念。这样一来，他的教育理念就必然具有一定的导向教育价值。这种教育价值能使学生产生信任感和认同感，被其中的真善美所吸引和感动，从而获得思想和精神上的触动，促进学生健康成长。那么，教师是如何形成这种以价值为导向的理论智慧的呢？

教师的专业知识和专业思想是形成理论智慧的基础和前提。教师必须对自己的专业知识进行深入研究，形成自己的教学理论体系。这一理论体系不仅是专业知识，而且是教师自身在多年教育实践中形成的教育信念。因此，教师的理论智慧是教育专业知识与教育理念相结合的过程，是教师在教育实践中不断研究的正确体现。即教师的理论智慧是指教师能够以自身的知识和经验为基础，结合专业知识，以高度的教育信念为指导，对教育实践进行独特的价值加工，在主流教师中形成独特的个性和价值取向。

（四）鲜明的教学风格

鲜明的教学风格是衡量教师是否成熟的标志。教学风格是指教学活动的特色，是教师的教育思想、个性特点、教育技巧在教育过程中独特、和谐的结合和经常性的表现，是教学艺术趋于稳定与成熟状态的标志。教学实践中，有的教师课堂教学严谨、条理清楚、环环相扣，有利于提高学生的逻辑性思维；有的教师讲课情绪饱满、慷慨激昂、扣人心弦，容易引起学生情感上的共鸣；有的教师讲课生动形象、机智诙谐、妙语连篇，能够让学生在一种轻松愉悦的氛围中获得新知。根据不同的特点，可以将教学风格归纳为理智型、情感型、幽默型、自然型和技巧型等几种。

教师灵活多样的教学风格还有助于包容学生不同的学习风格，以便使每类学生都有机会按照自己的学习风格来学习，发挥自己的长处，让不同学习风格的学生各得其所、各显其长。黑格尔曾说，风格即是人。他道出了人与风格的关系。所以，教师要不断提升自己的人格修养，修养越高，人格魅力就越大，教学风格就越鲜明。当风格与自己的人格相一致时，就会形成互补，相得益彰，逐渐将教学与生活融通起来。因此，教师应在教学中不断锤炼自己的教学风格，在摸索和实践中逐步找到适合自己的教学特色。

（五）娴熟的技术应用能力

智慧教学是基于移动互联网、物联网、云计算、大数据分析等信息技术的智能"新教育"。这是新一轮的教育技术和工程革命。教育科技已成为教育发展的动力，甚至是引领者。教育信息化和智能化不再是辅助教学的地位，而是教学的主导因素，教育不能脱离信息技术而独立存在。没有教育信息技术，就不能做好教学活动，教育与学科的关系演变为"师—技—生"的结构。

信息技术革命为进一步推动教育思想、教育目标、教育内容、教育策略和方法等各领域的全面改革开辟了新的空间。面对这场教育革命，教师必须与时俱进，每名教师都必须主动实现质量转型，积极适应智慧教学的五个要求：为学生提供适应性的学习项目和学习档案；为学生提供以教师为中心的协作技术和数字化学习资源；启用计算机学习管理、监控和报告系统；为学生提供更好的信息来源；提供无处不在的在线学习渠道。

面对前所未有的挑战，教师需要重新认识教师素质的标准和专业要求。教师必须应对比传统教学方法复杂的现代教育技术，创造更强大的教育环境和学习平台，即为教育和学习创造条件，增加学生对事物的敏感性和想象力。因此，新标准和要求的关键词是创造条件。

利用教育技术创造教育环境。教师的任务不再是仅仅关注知识，而是更多地利用技术创造教育环境，充分利用云平台、大数据等教育智能资源进行开放学习，创造以MOOC、微课为代表的网络课程和微课环境。在这种情况下，教师在教育中的角色和技能将产生跨时代的变化。

教师需要针对具有更多记忆力、学习能力、艺术气质、计算能力的教育技术设备，打造更强大的学习平台，让学生通过这些平台自主学习。这就要求教师实现从"知识+智慧"向"知识+技术+智慧"的转型发展，这对教师来说是革命性的转型。

智慧教学提供传统教育教学无法提供或难以提供的机会。智慧教学是教育形式的转变，是教育系统中从学习环境到教学模式整体性、综合性的转变。这是一种颠覆性的变化，强调了提供传统教育教学无法提供或难以提供的可能性。

二、教师需要具备的具体素质

（一）掌握教学内容的要求

1. 了解教学内容的深度

智慧型教师首先体现在独立学习和分析教科书的能力，理解写作意图，理解重点和难点，触及教科书的内涵。只有深入研究，才能把复杂的事情说得通俗易懂。深入钻研教科书，道理透彻，讲课简单明了，讲解思路清晰。这是一种智慧，一种境界。它绝不是教学的简化，而是一种复杂且有效的教学。比如，在教字母美术字时，先把最基本的"横三竖五"的写法讲透，再根据这一规律在字母的外形上加以变化，学生就比较容易掌握。教师应对书本内容进行拓展，给予学生创造发挥的空间。这样，教师不需要过多重复讲解问题中的各种变化思路，学生就可以理解掌握。

2. 展示教学内容的原创性

从心理学的角度来看，独到见解实际上是一种创造性思维。这种思维具有独创性的特点，它拒绝刻板印象并遵循步骤。比如，在教字母美术字时，教材的安排只是学会一种传统的写法，平头平尾、粗细一致。教师如果按部就班地教学，学生就不用自己去思考，学生的思维只需一直跟着教师走，没有体验到想象创造的乐趣。

有趣的是，教学效果往往只停留在记忆和模仿的层面。教师先让学生看一些著名的商标设计（如可口可乐、百事、索尼、大众等），再让学生马上说出它们的名称；接下来讨论它们的特点及字母之间的关系，让学生自主学习，相互启发，然后要求学生自行设计一个或一组带有艺术创造性的字母。这样的授课安排是书本内容的延伸和拓展，对培养学生的思维能力、观察能力和创新能力具有重要的意义。在教学中，这样的例子很多，教师只想为学生创造尽可能多的自由和自主的学习空间。同时，这满足了不同层次学生的需求，充分发挥了学生的潜力，让学生的智力得到充分的发展。

3. 呈现丰富的教学内容

智慧型教师不仅是某一学科的专家，更要涉猎广泛的知识，包括文学、音乐和体育，以及古今中外的历史地理等。这样，当教师上课时，就会根据教学内容融合相关课外知识进行讲解，使得教学内容丰富多彩，同时激发学生的学习热情，让学生流连忘返、陶醉其中，领悟学习既是一门学问也是一种享受。

比如，讲奖杯设计时，教师可收集许多世界冠军在捧得奖杯时激动不已的照片让学生观赏，并介绍这些运动员的情况、所从事的运动、取得过哪些骄人的成绩等，再介绍奖杯的材质、艺术特色等。学生对这些内容听得津津有味，在随后的设计中便会投入极大的热情。

（二）使用教学方法和技巧的要求

1. 语言具有启发性

作为一名智慧型教师，必须是一个能准确、优雅地运用语言的人，必须是一个善于沟通的人，应能在信息和情感上与学生顺畅交流，其言语中应充满启迪。教师只有对教材有深刻独到的见解，熟悉自己想说的内容，才能有在课堂上发挥主动性的自由，才能真正做到能干、能指教，并遵循建议。

2. 控制课堂要机智

教育智慧是教师在教学实践活动中的一种适应性。教师教学面临着一个复杂的人对人系统，充满了变化和问题。无论事先如何精心设计，教师总会遇到许多新的意想不到的教学问题。这些教学问题如果处理不当，课堂教学会陷入停滞，甚至导致师生矛盾。对于随机问题和意外情况，智慧型教师总能用独特的方法来灵活应对。从本质上讲，教育智慧是一门转化师生矛盾的艺术，是一种妥善解决教与学矛盾的技术，让教师以智慧取胜。

3. 传授基本功有"窍门"

智慧型教师往往有"窍门"，他们的"窍门"是教学技巧的特长，是对某种教学技术的完善。例如，有些教师在数学课上从不需要指南针或三角板，但他们可以绘制非常标准的几何图形；有些教师擅长创造迷人的情境，让学生感兴趣；有些教师语言幽默诙谐，在轻松愉快的氛围中，往往能引发欢笑，使学生领悟深奥的道理。

总之，智慧型教师的形成并非一蹴而就。教师自身要具备上述能力，就必须不断磨炼自身素质，勤于思考，不断提高自己的思维、感知和教育智慧，勤于学习，善于头脑风暴，经常向他人学习。成为智慧型教师应是教师不断探索和自觉研究的目标。

（三）教师教学素养的要求

担当教书育人重任，必须做到教书能力精湛、育人水平高超。"精"要落实到教学技艺精湛上，及时更新知识储备，优化知识结构，掌握最新学术动态，善用先进教学手段。"高"要落实到滋养心灵的以德施教上，掌握教育教学规律，熟谙人才成长规律，了解学生所思所想所需，用心用情用力培育和引导学生。

1. 教书能力精湛

作为高校教师，教师是首要身份，教书是首要职责，上课是第一责任，教学能力是第一能力。当好老师，首先要爱教书、善教书。创新的教育理念、广博的知识结构、深厚的文化底蕴、顶尖的教学技能、敬业的教学态度、先进高效的教学方法是教好书的必然要求。教学既是一门学问，也是一项专门技术，更是一门高深的艺术。

我们提倡"教无定法，贵在得法"，就是要注意研究教学对象的实际情况，增强教学的针对性和吸引力，不能生搬硬套、千篇一律。现在"00后"已经成为大学生的主体，他们中的大多数是独生子女，有很强的个性，往往以自我为中心，有理想和追求，而且勤奋、脚踏实地。还有少数青年学生存在逃避现实、不思进取等让人担忧的问题。因此，教师应把社会主义核心价值观贯穿教书育人全过程，善于运用潜移默化的方式开展教育引导，润物无声地在他们心灵播下积极向上的种子、崇德向善的种子、为实现中国梦而奋斗的种子。

2. 育人水平高超

教师的伟大在于启迪他人。青年学生正经历人生发展的关键时期，情感和思想尚未成熟，价值观的塑造尚未定型，最需要细心引导和培养。教师能否做好育人工作，将直接影响一代年轻人的思想观念、价值取向和精神面貌，这是对当代高校教师育人水平及能力的严峻考验。思想是旗帜，政治是责任，教师应努力做好育人工作，特别是学生的思想政治工作。

三、教师素质的培养和提高

要实现上述教育条件，就必须对现有的教师专业发展方式进行改革。必须强调理论与技术的紧密结合。在智慧教学的背景下，教师不仅要理论与实践相结合，更要理论与技术相结合。理论不仅应用于实践，还应用于技术。技术不仅要用于面向教师的教学实践，还应用于创造学习环境，利用丰富的信息技术与学生互动，实现"无缝对接"。因此，教师的教育内容必须从传统书本知识和课堂技能知识转向现代教育技术的应用。教师除了要加强培训、提高自己，还要拓展交流平台，以及创造和完善师生之间、学生之间、人与计算机之间的互动交流平台，提高学习的乐趣。

要强调科技与智慧的紧密结合。在智慧教学时代，教师不能再简单地利用技术来提高教学效率，而是要创造不同于传统的学习条件和方法。在这个过程中，教师必须将技术与智慧相结合，让技术超越传统教育的单纯辅助功能，使教师获得智慧和教学能力。在这里，"知识转化为智慧"有了新的含义。教师必须将自身的知识转化为智慧，并在教育技术构建的环境中将智慧具体化。

智慧教学是由智慧信息技术驱动的教育生态系统，科技与教育的深度融合赋予智慧教学新的特征。正如代表前沿信息技术的人工智能算法完全不同于传统的计算机程序，智慧教学中技术应用的性质和方式也发生了根本性的变化。因此，考虑到教师专业发展和素质转型的要求，从纯技术角度要求教师掌握技术技能远远不能满足智慧教学时代的要求。只有与时俱进，实现理论、技术、智慧的无缝对接，才能适应智慧教学的新时代。

第三节　智慧教学下教师的角色适应

实现教育的三大支柱为师资、教学内容和教育设备。其中，作为智慧教学重要组成部分和坚强支撑者的教师，面临观念转变、视野开阔、信息质量和适用性提升、学与教方式转变、技术和课程深度融合与创新等问题。"角色"一词最早于1920年至1930年间被引入社会理论。"角色"由乔治·米德提出，用于分析与某种情况相对应的个人行为。教师的角色具有一定的社会历史条件，产品必然与教师的历史背景有关，角色的转变是以教师感知为前提的。

一、指向教师自身的角色认知

（一）终身学习的践行者

培养学生终身学习的能力是教育的一项重要任务，教师是人才培养的主体，具备良好的终身学习的素质不仅是教师的逻辑要求，也是每个成员的自然任务。在终身学习时代和人工智能时代，基于标准化教科书和课堂教学体系的课程教学受到了微分类和基于虚拟现实技术的各种网络虚拟课堂的挑战。

"教师除了会教学之外，需要提升的方面越来越多。""如果教师要成长，要跟上时代的脚步，那么肯定要不断学习，否则就会被淘汰。"传统的教学观、师生观正在被颠覆，教师仅凭"一桶水"远远满足不了学生的需求，更满足不了自身发展的需要。因此，教师必须注重持续、主动地学习，以获得认知、思想、教学技能等方面的进步，践行终身学习理念，示范终身学习，最终引导学生成为拥有终身学习能力的人。

（二）教学实践的反思者

叶澜教授说："一个教师写一辈子教案难以成为名师，但如果写三年反思则有可能成为名师。"教学反思才是促进教师专业成长的重要渠道。智慧教学背景下，信息获取渠道的多元化、教学空间的扩大化、学习方式的多样化等为教师反思提供了不可多得的机遇和平台。而此时教师进行教学实践反思的本质，是智慧教学环境下教学规则和教学策略的更新，帮助教师克服重复劳动，实施教学创新。一个在信息技术与教育深度融合背景下的合格教师，需要在获知学生诉求、熟络学科知识、整合文化观念的基础上，有效利用设备媒体，深入思考智慧教学与传统教育的区别与挑战，以及自己是否有效发挥智慧教学的功能，并对在践行智慧教学的过程中会遇到哪些困难及有何改进建议等问题进行反思。

二、指向教育媒体的角色认知

（一）教学技术的应用者

将信息技术融入教学、推动教学方式变革已成为必然趋势，这给教师的角色带来重大挑战。信息技术的快速发展对人的素质提出新的、更高的要求。教师作为培养高素质人才的关键，更应灵活运用信息技术，掌握智慧教学的基本能力。诚如有受访者提到，"我去小学见习的时候，发现存在这样的现象：虽然学校配备相应的设施，但是很多教师没有意识去使用，虽然给他们培训过，但是他们就是不会去用"。"在智慧教学环境中，教师应首先学会使用先进的设备与技术。"

但是，我们必须明白教师运用信息技术的前提是自身应具备感知、掌握课堂整体情况的能力，唯有在此基础上恰当组织技术要素，才能使其成为学生学习、智慧生成的支撑点。"有些老师只是为了完成任务，把技术强加到课堂上。其实，技术的使用是为了更好地辅助教学，而不是为了凸显这个技术而强硬地去使用。"教师要明白技术只是作为教学的辅助工具，需要根据教学内容或形式灵活选择合适手段，而不是盲目地为了使用技术而使用技术。有学生说："要让支撑智慧教学的技术成为一件锦上添花的事情，而非雪上加霜的负担。"

（二）数据信息的分析者

在访谈过程中，不断有受访者提出："随着信息技术、互联网普及程度越来越高，教师和学生可以接触到越来越多超越书本、课堂的信息资源。教师不仅要具备辨别信息的能力，还要引导学生学会筛选有效资源。"确实，在以前的课堂教学中，学生和教师获取知识的渠道非常有限，教科（辅）书基本是唯一的权威知识来源，教师吃透书本上的知识基本就可以满足教学需要。

但在互联网大数据时代，师生之间充斥着海量的信息资源，可供选择的学习资料应有尽有。教师如若不对这些信息加以筛选，就可能陷入低效率、无组织的教学困境，学生也容易在海量信息中迷失、困惑。因此，教师应具备获取、筛选、整理、组织信息的能力，担负起学生学习掌舵人的重任。有受访者提到，"以后可能是各科的教师都要去收集班里全体学生各种各样的成绩，通过大数据统计出来，从全校到各个班级，再到每个人去进行各方面分析，寻找他们的种种长处和缺点，这样更加适应学生的个性化发展，对现在的素质教育改革也比较重要"。也就是说，"教师要思考如何根据智慧教学产生的数据信息，针对性地对学生进行反馈"，"教师应该思考如何分析数据，并在此基础上，根据学生不同的特点去攻克他们的薄弱项"。

总的来说，教学中运用互联网技术会产生大量关乎学生学习行为的非结构性数据，教师作为学生学习活动的重要参与者，必须掌握数据质量，要能够通过计算机或互联网技术统计的学生学习数据（如课堂表现、知识掌握情况、强弱项等）分析学生学习中存在的问题并进行反馈与预测，据此制订有针对性的教学计划。

三、面向智慧教学的教师角色要求

（一）要具备良好的身体素质

只有身体素质好，才能做好艰苦的工作，按时完成任务。由于教师具体的生活环境和工作特点，教师的身体素质必须得到充分发展。因此，对于教师，锻炼身体、参加学校组织的各种文体活动、增强体质就显得尤为重要。好的身体素质应体现在耐力较强、反应快、精力充沛、耳目清晰、声音洪亮等方面。

（二）要具备健康的心理素质

教师具备健康心理素质的表现是对工作充满热情，人际关系融洽，自我组织能力强，有创新精神，能接受新事物，勇于面对挫折，尊重他人、尊重领导、团结同事，具有稳定的情绪和情绪管理能力。

（三）要具备良好的道德情操

苏霍姆林斯基说："一个精神饱满、道德高尚的老师，可以尊重和培养学生的个性，而一个没有任何个性和特点的老师，他所培养的学生都没有个性。"任何老师都会自觉或不自觉地在教学中展现自己的个性，展现自己的魅力。教师良好的人格特质，在教育活动中会对学生产生潜移默化的影响。

道德是内在的，言行是外在的。个人道德的好坏，在一定程度上，可以通过言行的得失来体现。因此，教师在日常工作中的原则性和合理性非常重要。一名优秀的教师应有得体的相貌、端庄的举止、文明的谈吐、优雅的风度、鼓舞人心的精神、认真而充满活力的工作作风。

作为教师，一定要严于律己。既然选择了教师的职业，就必须遵守教师的职业规范。教师应穿着得体，在与他人打交道时要举止得体，参加社交活动时要注意形象。

四、面向智慧教学的教师角色塑造

（一）在教学目标和教学理念层面

在智慧教学模式下，教育教学目标和理念开始谋求新突破、新进展，主要强调智慧学习发展、研究创新发展，从被动接受转向自主学习。在教育管理体系构建中，要重点关注和把握学生学业发展过程，使学生能够自选课程，从而打造专属人才培养方案。基于社会需求的任务驱动、行动导向，明确以能力发展为本位的目标，从固定关注知识理解、认知、应用三个方面目标，过渡到基于任务驱动的知识分析、学习评价、协同创造三个教学管理目标。

在教学组织结构上，要引入分层化理念，在班级教学管理中实施分层化、分类化指导，灵活运用学生个体辅导、自适应学习、小组协同学习、集中研究性学习等形式，贯彻个性化教学目标，依托智慧化系统进行教学动态、过程的监督和反馈，助力学生全面成长。

（二）在师生角色和教法层面

智慧教学模式下的教师将从固有角色地位中走出，成为辅助学生自主学习和发展的导师。与教师主导的课堂教学相比，教学目标、思想的变化对教师提出了更高的标准，要注重教师在指导能力等方面的提高，为实施智慧教学管理提供一支强有力的智慧教师队伍。

在教法上，智慧型教师需剔除灌输式教法，围绕任务驱动、行动导向模式，搭配案例分析、小组协同、理实一体化等模式辅助教学，形成以学生为中心的教法。在智慧系统的支持下，学生可对所需资源进行整合，解决课前预习、课上项目、课后提升任务，完成智慧化自主学习过程，便于生成教学课程资源，唤醒学生内在学习动力，促进学生自主和协同探究能力，教师线上线下混合教学能力得到提高，打造虚实结合、任务驱动、项目强化的创新型智慧课堂。

（三）在学习形式和环境层面

智慧教学将突破固有课堂活动的边界，依托移动终端设备，不论学生处于任何时间、空间，都可实现在线学习。通过登录和访问智慧教学空间，关于课前预习任务、课中实践效果、课外提升和辅导等信息，均可即时查看。

在课堂教学环境中，借助智慧化线上线下混合教学平台，可对课堂中高频词汇、主要知识、学习任务、指导思路进行全方位分析和评测；通过大数据技术分析教学过程存在的问题和不足，为教师和学生推荐智能解决方案，帮助教师完善教育形式、有针对性地解决个人问题并提供数据诊断支持；结合学生任务完成情况，反馈过程性和总结性智能评价，使学生及时发现、找寻问题，确保针对性教育和指导落实到位。

（四）在教学评价和质量层面

在智慧教学的支撑下，形成以学生为中心的教学管理评价生态。与固有教学质量体系相比，构建基于学生评估、教研室教师评价、教师自我反思评价，以及督学专家的评价的质量评价体系，实现教学管理的多元化。

在智慧化质量管理中，将面向学生的学习过程进行全面管理、监控和监督，对各个环节情况进行实时反馈。在线上问卷、现场督导、教师反思等方式支持下，覆盖教学全过程的任务完成、师生互动数据、知识检测、教学数据使用等情况将被记录在系统中，通过大数据、智能分析技术形成智能报告，为管理人员、教师调整管理决策、转变学习过程提供科学依据。

在人工智能、虚拟现实等技术的综合应用下，可为教学管理系统提供智能化支持，精准地对比教育教学行为和标准，使得教学过程、行为实时处于管理和监控范围内。通过平台系统，管理人员可直接切入线上听课，对教师、学生全过程的教学情况进行了解，给予相应评价反馈。

（五）在管理系统和流程层面

智慧教学是以学生为中心理念，形成对教学过程进行全方位管理、控制的模式。在固有教学管理体系下，学校立足专业发展进行人才培养方案的制定，再结合方案进行课程体系建设，学生的个性化选择仅能体现在选修课程上。

在智慧管理流程中，课程体系构建立足个性化培养原则，通过智慧教学管理系统，实现教学运行、管理过程的有效整合，使教学资源开发、教学体系构建、人才培养方案制定、教学评价和教学实施处在协调管理监控下。然后，建立综合门户、服务支持、教学监控、网络辅助等综合信息模块，为学生提供综合性、智慧化教学管理平台。

（六）教师工作能力提升方面

教师的能力可以分为三个层次。第一层次是认知能力。这一层次的能力是对世界观、人生观和价值观的要求，是最高层次的要求，只有具备良好的认知，才能进行教师这一职业的发展，否则后面的能力再强也是徒劳。第二个层次是应用能力，包括自学能力、审美能力、适应能力、自我发展能力等。第三个层次是工作能力。在这三个层次中，第一层次是理想信念方面，第二层次是持续发展能力，第三层次是具体工作方面。这是逐步缩小的过程，也是需要按照层次推进的过程，即具体工作能力的具体体现和外化形式。第一层次和第二层次是根本，需要重点提高和锤炼。

教师的具体工作能力主要包括以下四个方面。

一是教学能力。第一类是组织、监督和固定教学对象（学生）的能力。第二类是组织、监督和改革教学影响的能力。第三类是教师的自我调节能力。

二是表达能力。教育家夸美纽斯曾说过："老师的嘴巴是知识流动的源泉，知识流动可以在这里产生。"对于教师来说，语言既是工具也是艺术。教师要努力成为语言艺术家，思维敏捷，有"凤凰入林，百鸟压声"的能力。教师丰富的思想、广博的知识和充满活力的内心世界通过准确生动的语言传达给学生。学生的情感世界是细腻、善良、美丽的。他们常常被老师优美的语言所影响，享受它的美，并开始接受老师。

三是沟通能力。为了实现有效的教学，教师必须具备理解他人和与他人互动的能力。教师要与学生沟通，建立"教与学"平等的关系。教师要克服个体工作意识，与其他教师建立相互合作、相互支持的工作关系。资深教师有培养青年教师的责任和义务，青年教师应主动认可和学习技能。中年教师和青年教师应与年长教师讨论思想和创新。教师之间相互学习、相互合作，有利于学校的进步与和谐发展。

四是研究能力。教育研究是现代教育发展的基本生产力。教育工作者应将教学和研究视为一种创造性的行为，并能用现代教学理论指导教学实践；他们应善于从实际的教学和研究开始，不断反思、总结和努力探索教育科学规律，注重学习新的教学理念，经常阅读与教学研究相关的期刊和文章，保持持续学习的习惯。教育单位要努力营造研究氛围，使教育研究成为教师的常规和普遍行为。

五、智慧教学环境下教师的素质达成愿景

随着现代社会的飞速发展，教师只有学会适应瞬息万变的工作环境，才能有所作为。你可以在顺境中成才、在逆境中发展，无论在什么样的环境和条件下，都可以努力实现人生的价值、理想和目标，为自我提升而奋斗。

（一）博大精深，文化底蕴深厚

文化素质的含义很丰富，范围也很广，它在于个人所拥有的所有知识的个人思维的整合和积累。审美知识还包括广泛的社会知识、人文精神、文化视野等。作为现代教师，只有具备深厚的文化素养，才能成为学生思想的引导者，才能以知识和品格影响学生。

（二）与时俱进，先进的教育理念

教师必须创造新的教育理念，如现代教育、教学、质量和评估。尤其要树立以学生为主体、教师为主导的观念。教师必须认识到，学生接受教育不是被动的，而是主动的；教师必须相信自己的发展潜力和能力，从发展的角度对待学生。教育活动应以尊重学生为基础，着眼于学生的全面发展，并发挥学生的潜能，尊重学生的个体差异，使每名学生都能得到发展，并开展创造性的教与学活动。

（三）积极、稳健、创新的精神

当代教师必须有很强的拓展能力。所谓"可扩展性"，是指以极大的灵活性适应技术和时代快速变化的整体能力，基本上是指处理信息的能力（即吸收和更新知识的能力）和创新能力（即获取知识的能力和扩展新知识的能力）。有扩展能力的教师在一定程度上是创新型教师。他们可以吸收教育科学提供的新知识，在课堂教学中积极运用，发现新的实用方法。

第四章　智慧教学的学生角色

第一节　学生的概念和发展

一、学生的概念

学生是指在学校或其他教育机构、培训机构求学并向老师或前辈学习的人，常用于弟子对前辈或老师时的自称。春秋时期学生被称为"学子"。《诗经》中"青青子衿，悠悠我心"中的"青""衿"是青青的衣领的意思，是当时学生求学时统一的服装。《论语》中，将学生称为"弟子"（如"哀公问曰：'弟子孰为好学？'"），弟子与门人、门生有别。《汉书》中，将学生称为"学童"，即幼年的学生，如"太史试学童，能讽书九千字以上，乃得为史"。《礼记》中，"门生"指学生，东汉把门生意为再传弟子，后世也指亲自授业的学生，如欧阳修在《集古录·跋尾·后汉孔庙碑阴题名》中曰："其亲授业者为弟子，转相传授者为门生。""门下"（门下士、门下生、门下客、门弟子、门徒）都指弟子或徒弟，《论语》有言："曾子有疾，召门弟子曰：……"据传说汉代将马匹分为三等，即高足、中足、下足，遂后人们将高足和上足用作别人学生的敬称；"晚学""晚学生""后学""后进"等是学生在前辈、老师面前谦虚谨慎的自称。到了清代，学生常尊老师为"太老师"，故自称"门下晚生"；科举同榜登科学生之间互称师兄、师弟、学长、年兄等，后逐渐成为学生之间的敬称。

学生是发展的人，每名学生都有巨大的潜能。无论是学生还是教师，都是在课程中不断学习、不断进步的人。在对学生成绩进行评定时，不能凭借单一标准界定多元潜力学生能力的高低，需要教师及时引导、鼓励，从而唤醒潜能。

每名学生都是独立的个体，但学生不仅仅是学习者，还是丰富生活的体验者、未来科技的创造者、教育生活的钻研者。每名学生受不同家庭背景、生活环境、家庭条件、遗传因素等的影响，在上学前就形成了自身的独立性，形成不同的性格、习惯、态度、品质、特点等。因此，教师在教育学生时要抓住每名学生的突出特点，因材施教，改变传统的单一培养方式，应用更加信息化、科技化的智慧教学，以学生为本，充分展现学生的独特性，让学生在家庭教育基础上更加自由、成熟、充分地发展。

学生是具有独特意义的人，每名学生具有自己的意愿、情绪、思维、感官、思考方式及行动规则，是既不能被旁人干扰也不能被旁人意志所改变的。学生应主动学习知识，知识的学习不应是教师强加给学生的，但是教师可以为学生创造适宜的学习环境、氛围，鼓励学生去探索新的事物，使学生通过观察、分析、研究、思考，找到生活学习中的问题并尝试解决问题，逐渐明白事理、成熟懂事，从而掌握事物发展的规律，实现学习生涯真正的发展。

二、学生的发展

发展是一个哲学概念，是事物由小到大、由低级到高级、由量变到质变的运动变化的过程。发展是动态的，学生在不断发展，发展中的学生也在不断变化。学生可能会在发展过程中犯错误，其思想或生活可能产生矛盾，可能显现出曾经未发现的缺点，这些都是不可避免的。学生出现以上问题后，需要教师帮助他们明白错在哪里、如何纠正错误，从根源上解决矛盾、克服缺点，使他们在学习过程中不断进步、逐渐成熟，从而不断提高学习能力、生活能力。

学生的发展不是单方面的发展，而是多方面的发展。其中，既有身体素质的发展，又有心理素质的发展；既有知识水平的发展，又有智力水平的发展；既有道德修养的发展，又有法律意识的发展。学生的发展要注重德智体美劳全面发展，不是为了某一方面而抑制其他方面的发展，学生的个性寓于共性之中。学校是学生学习的场所，应促进学生全面发展，为学生的发展提供良好的氛围和充分的学习机会；是发掘学生潜能、突出学生优秀特点的场所，而不是把不同的人同化成相同的人的场所。促进学生全面发展的同时应发现学生身上的闪光点，并加以鼓励，让学生适应发展的节奏，提高学习能力，改善学习态度，拥有迎接机遇与挑战的能力。

学生的发展不只是当前的发展，还有未来的发展。学生当下所学知识与能力是未来发展的基础，当下所学逻辑、思维、态度更多时候会影响他们的一生。教师当下所用教学方式对学生学习积极性的开发、学生智力的扩展、思维的发散更有帮助。学生掌握知识是为了更好地发展，不能仅把知识学习作为最终目的。

每名学生都有自我实现价值的需要和发挥自身潜能的诉求。在学习过程中，学生一旦发现自身可实现的价值，就会迅速萌发出要努力奋斗的念头，就会在学习和生活中迸发积极上进的热情，投身到创作与学习中，激发自身潜能，在学习上实现超水平发挥。如果在某一阶段学习结束后学生获得应得的成果，那么潜能与现实相连就实现了转化。在学生发挥潜能的同时，教师会在其中起引导的作用，教师根据不同学生的不同特质和具体情况提出合乎情理的要求，并在学生努力时适当加以鼓励，以推动学生更好地发展。

第二节　智慧教学下学生需要具备的素质

智慧教学有益于提升教学信息化水平，极大地增加课堂教学效益。其最终目的是充分利用当前学科教学设备、工具、教学硬件、学习资源改变传统的教学方式和学习模式，实现学生与信息相互更新的智慧教学，进一步激发学生学习的主动性与积极性。

一、我国素质教育的实施与发展

学生的素质教育不应专注于某一方面，而应进行全面素质教育，尤其是正确引导学生将理论应用到实际行动上，促进学生全面发展，为全社会的发展提供基础保障，从而实现社会全面进步。

新中国成立后，我国的教育方针是促进学生德智体美劳全面发展，但是在当时的背景下人们的理解方式和角度不同，对学生的塑造出现一边倒的"全面"发展。这给当时的教育带来一定的影响，也给学生的多样化发展带来困扰。

随着时代科技的进步，现代教育开始注重学生个性化的发展，提出素质教育的理念。素质教育可以促进学生心理健康的发展和社会文明向学生心理素质的渗透。素质教育是为学生综合素质的提高做基础的教育统称，实现学生的全面发展离不开素质教育的实施。素质教育与学生全面发展都是塑造学生必不可少的过程，教育的终极目标是学生的全面发展，而素质教育是实现学生全面发展的过程手段。素质教育和全面发展都是为了学生能够健康快乐地学习，并成长为社会的栋梁之材。素质教育能更好地实现学生发展的目标。落实素质教育也是完成党中央提出的关于提高国民素质方面的要求，实现学生全面发展的实践过程。

二、智慧教学背景下素质教育的目标与要求

学生是正在接受学校教育、文化水平逐渐提高的一个群体。可以说，学生的受教育程度代表着当下时段内国民素质发展的水平高低。通过学校的素质教育，尽可能促进学生整体素质的提高，实现学生的全面发展，有利于国民整体素质的上升，对促进人类文明的进步具有重要意义。

智慧教学侧重于课前教师准备资源的提前设置、课上学生的自主学习和对疑问的提出意识，聚焦于课堂中学生之间的互学和师生互动的同步学习，落脚于课后学生的知识扩展学习。同时，智慧教学的环境对学生的素质要求也有所提高。智慧教学背景下，学生需要具备以下六种素质。

（一）创新素质

历史上，由因循守旧、缺乏创造精神造成学生素质低下的例子比比皆是，所以通过学校的素质教育，鼓励学生在学习生活中积极创新，培养学生创新意识和创造精神，已成为当代教育的当务之急。创造性源于学生的智慧和潜能的随机发挥。要发挥学生的创新能力，最重要的是烘托出有利于刺激学生创造力和发挥学生创造潜能的轻松氛围。创造轻松愉快氛围最有效的方式是吸引学生多参与信息科技和社会实践活动，逐步培养学生动手创新创造的意识，提高学生对创新创造的积极性，让学生学会独立创造。

运用智慧教学向学生传输多彩的视频和图片信息，以及平面的、立体有声的、无声的、丰富多彩的语言，极大地拓宽了学生的视野，使学生的联想更加丰富、创造性思维更加敏捷，提升他们的创造力。

（二）科学文化素质

学生的文化素质伴随着社会政治、经济、文化、环境、科学的发展，现代信息科学技术正在逐渐向各个领域渗透。应对目前全球现代化、信息化的变化趋势，教师在教学过程中，需培养学生具备现代水平的科学文化素质。现代科学文化素质是由许多种不同的知识进行有机结合，它们之间的关系交错纵横，形成网络化的整体。

素质教育要培育学生的社会科学素质和自然科学素质。学生社会科学素质

的高低在一定程度上影响着学生世界观、人生观、价值观的形成。学生的思想道德修养和人格、心理健康程度，是学生社会科学素质的外在表现，是社会科学长期熏陶的结果。学生自然科学素质是学生在认识世界、改造世界、探索世界时，科学地运用现代信息技术手段不断丰富自己精神境界和发展自己的认识过程。

整体素质教育是实现现代学生全面发展的重要手段之一。学生的发展是知识、技能等综合素质的全面发展。如果一个人不能在人类特定时代的某一阶段达到目前人类最低限度的技能和知识水平，那么他就不是一个全面发展的人。

（三）身体素质

学生的身体素质是与生俱来的具有自身特点的自然属性。例如，学生在生长发育过程中的骨骼形态变化、身高体重变化、感觉器官对身边环境的敏感程度、运动系统的素质、身体机能的发育特点、大脑神经的排序，还有比较明显的生理特征（包括反应是否迅速、负荷的最大限度、身体的抵抗能力、对环境的适应能力和运动期间的身体素质等），这些身体素质都是学生自然生长过程中所具备的。教育则是促进学生身体素质发展的外在力量，在尊重自然生长规律的基础上，教育能创造良好的学习环境和适宜的学习氛围，激发学生的学习积极性，有助于学生的身体素质得到良好的发展。

在智慧教学环境下，首先，学生要让自己的身体素质保持轻松健康的状态，以充分适应现有的学习环境，每天要安排适当的放松休息时间，做到劳逸结合。其次，在通风条件良好的教室内学习，更益于学生对新信息技术教学手段的接受。最后，要跟随教师的节奏，积极主动地融入学习环境中，与同学相互促进、共同进步。

（四）道德素质

道德素质是学生必须具备的基本素质。从古至今，道德在教育中始终占据重要地位。在漫长的文明进化过程中，道德教育不断丰富，融入了越来越多的内容，如一个民族的民族气节和精神，深深地影响着该民族的人。许多杰出代表（如爱国教育家、政治家、科学家及军事家）的英雄事迹不断地传承下去，成为新一代年轻人的榜样。

学生的道德素质主要有三种，分别是道德常识、道德态度和道德行为。

道德常识是最基本的道德，其构建始于学生小学学习的"思想品德"课程，并延续至后续的"思想政治"课程。这一知识体系小到包含文明礼貌、礼仪常识，大到包含政治、经济、文化、环境、国际文明甚至人类发展。

学生的道德态度涵盖学生对自我行为、社会行为、家庭生活、学校生活和学习的态度。首先，学生要学会对自己的行为负责，关心自己的学习、生活、健康、出行等状况，秉持热爱自我、热爱生活的积极态度；在校期间要保持个人卫生，紧跟教师的步伐，不断更新知识，成长为国家的栋梁之材。其次，要关心家庭成员，认可家庭生活，体贴入微地照顾家庭成员可以培养学生的家庭责任感。最后，无论何时何地都要遵纪守法、爱党爱国，与社会共同进步、共同繁荣。

道德行为作为道德常识与道德态度的外在表现，主要体现在学生在学校、社会、家庭的日常行为中，具体表现在学生对待自己、他人、学校、社会和国家的具体行为中。我国实施教育的对象是全面发展的学生，而教育的根本目的是让学生"成材"，而不是让学生成为新技术的临时使用者。

智慧教学紧密结合学生的性格和特点，科学设置教育流程，应用现代信息技术手段，把社会主义爱国事迹、英雄人物视频等有教育意义的题材引入课堂，并鼓励学生做好人好事、帮助他人，培养学生乐于助人、敢为人先的精神。因此，在课程安排上要精心策划，确保内容充实而精彩，教材设置也要强化德育内容，突出"德"在教学中的核心地位。

（五）信息素养

目前，教育任务的重中之重在于培育学生的信息素养，牢固筑实学生信息方面的根基，将素质教育逐渐渗透到教育的方方面面，在潜移默化中提升学生的信息素养。信息素养主要是学生对信息资源的需求程度、检索能力、评价等级和是否能够有效使用的能力。

美国图书协会曾在1989年对信息素养进行了界定，将其划分为三部分，包括文化素养、信息意识和信息技能。其中，文化素养是对文化相关信息的认知与了解程度；信息意识是人对信息的能动反应和是否能够正确运用信息工具的能力；信息技能是对信息真假的辨别、检索、评价、紧急事件处理及重大事项决策的能力。总而言之，在信息科技高度发达的网络大环境中，聚集了庞大的数据资源、应用程序、资料档案、教学工具、兴趣交流平台、新闻报道渠道等共享资源，其优势在于实现了学习资源线上线下相结合，同一资源在不同学习平台可供成千上万的学生在线学习，有网络就可以随时随地学习，还可以与同学交流并分享经验。但是其弊端也显现出来，学生在网络平台上发表的观点都是自己独特的想法，与他人分享时可能会因观点不同而发生激烈的讨论，引发公众关注，可能会给双方带来不利的影响。

在应对信息社会的挑战时，要保证现代化教育可持续发展。在智慧教学中，要引导学生形成对信息的合理需求，培养学生对信息的查找、使用和创新能力，以此丰富学生对信息素养本质的认知，尽量用信息的多样化显现方式提高学生适应信息时代所需的各种综合素质。

（六）认知能力

学生的认知能力是学生对身边事物发展的认识过程。认知能力主要包括感知、记忆、思维和想象。夸美纽斯认为知识的开端始于感官的传达，提出"感知—记忆—理解—判断"一系列的教育教学思想。他认为，智慧不能仅源于感官对事物名称的反应，还有更重要的是对事物本身的真实感受。目前科技水平下，科学的真实性与准确性还依赖于感官传达回来的反应来证明，对于人来说，只有自身真实感受过的才是可信赖的、真实的。而科学也是，越是强调真实性，越是依赖感官。因此，学生在获取知识的过程中靠实际观察和真实感官获得新的知识与技能，而智慧教学手段给学生带来的视觉冲击和听觉的丰富更有益于学生对新知识点的记忆，使学生更好地将这些知识运用于学习和生活中。

知觉是一种综合反映，比感觉复杂且更全面，关联着某一客观事物的外在表象与多种相关特征。知觉并不是由单一感觉主导，而是由多种感觉相互交织共同作用的结果。学生通过智慧教学中的视频课程提前预习，结合直播中教师的视频讲解，可以现场提问或者通过平台留言与教师互动，各种感官与知觉交织在一起，最终形成系统的知识网络，帮助提升学习成绩。

记忆是人对既往发生过的事情进行识记并在脑海中保持一段时间后，回想出来的能力，主要体现在识记事物、画面保持和脑海再现。学生记忆的牢固程度会受学习目的影响，当学生对教学内容产生兴趣并愿意接受知识时，记忆时间会变长，记忆会更加牢固。如果教学工具足够吸引学生兴趣，学生在课程的学习中会变得主动。每个人的学习都与记忆息息相关，良好的记忆让学生的学习效果更好，学习过程中获得感更强，让学习变得更有价值和意义。

思维就是人们常说的思考，属于理性的认识，是人的大脑对感官传达回来的事物进行概括及整理后得到的间接反映。思维包含形象思维和抽象思维。形象思维就是根据事物的外在形象进行大脑运转的思维方式；抽象思维区别于形象思维，更侧重于探究事物的内涵、真假的判断及动机的推理等活动，是一种更为复杂的思维方式。在学习和生活中，这两种思维方式都长期影响着学生，但是它们对不同年龄段学生的影响力有所差异。从学生的角度来看，学生的年龄越小，受形象思维的影响越大，他们热衷于观看多彩的动画和形态各异的事物；而随着年龄的增长，他们受抽象思维的影响逐渐变大。

三、学生的综合素质发展存在的问题

学生的综合素质发展主要存在三个方面的问题。

首先，学生缺乏自我形象的管理意识。自我形象的管理属于一项基本礼仪，妥善管理自我形象不仅能使自己赏心悦目，更是尊重他人的一种表现。一些学生缺乏形象管理意识的表现为，不仅不注重自己的外在形象，而且不在塑造形象上下功夫，甚至在形象管理方面一窍不通。一些学生在说话方面不注意，经常使用不规范的语言，甚至有一些学生盲目追随时下流行的网络语言；一些学生在穿衣风格上模仿网络上博主的穿搭方法，五颜六色甚至过度暴露身体。这些都与学生的年龄阶段不相符，不仅不能使自己变得更美，还会凸显自己的不足之处。学生应在合适的场合穿合适的衣服。

其次，学生对人际关系的认识较为淡薄，缺乏关系意识，没有人际交往方面的欲望，也不学习人际交往的基本知识与技巧。个别学生自小不擅长与别人交流，性格腼腆，也不敢与其他人说话；还有一部分学生敢于说话，敢于表达，但是缺乏交流的技巧，他们在人际交往中会说出欠妥当的话，严重时会引发语言冲突和矛盾。心理学研究表明，许多人的心理亚健康状态往往源于人际关系中的交流不当，从而使他们封闭自己的内心，不愿出现在社交场合，长期积累的心理疾病会对身体造成重大损伤。

最后，学生缺乏创新精神。随着现代社会经济飞速发展，产业不断完善，全社会都在高度重视创新，国家还在政策上予以鼓励。但是学生长期受到传统教育体制的影响，在校期间接受统一的教育模式管理，而应试教育模式主要侧重于常考知识点，长年累月地学习应试知识，学生的个性逐渐被压制，随之出现的是千篇一律的共性思维。学生遇到问题寻求答案时不敢打破常规进行突破性思考，而是局限于统一的思考方式，很难有创新的想法及创新的行为，大多都在同一问题上有统一答案，缺乏独立创新的特色与个性。

要想有效提升自身的综合素质，学生就要不断学习，掌握好理论知识只是基础，更重要的是培养自身的创新意识、思维方式和社交能力，这些个性特质才是在理论基础上能够让自己的人生大放异彩的关键。学生上学的时光珍贵且充实，在校期间的学习，不仅是为了知识的积累，更是为了将来步入工作岗位时更好地展现能力。诚信互惠、创新、形象管理、人际关系等意识都是需要学生理论联系实际后才能更加深刻理解的内容。

四、提高学生综合素质的对策

第一，要注重培养学生的形象管理意识。使用现代多媒体传播平台，让学生明白形象管理的重要性。对于学生而言，良好的个人形象会得到他人的良好评价，能够影响学生在他人心目中的形象。一般来说，形象邋遢的人很难在爱情和事业上取得成功，学生学会管理自己的形象，能够有利于找到自信。发现自己形象上的优势与不足，从而学会修身养性，注重优化细节表现，追求审美体验的提升，这种形象意识的潜移默化，促使学生从一言一行做起，举止规范、语言规范、着装规范，从而塑造出良好的学生形象。

第二，加强学生的诚信教育。古人以诚信立天下，在现代社会诚信仍然很重要，许多合作都是建立在双方互信互惠的基础上。一个人一旦缺乏诚信，就无法在社会上立足。在我国历史长河中，我国人民养成了重承诺、守道义的优良传统，诸如"一诺千金"的典故，至今仍激励着人们坚守诚信。随着信息网络和社会经济的不断发展，诚实守信在互联网社会显得尤为突出，学生走上社会后，其诚信意识的强弱是衡量现代社会文明的重要指标，学生从小学习名言警句的过程就是接受诚信意识教育的环节，诚信也是人际交往的核心，是企业和个人的行事标准，更是学业成就的有力支撑。教师通过多媒体平台讲述诚信课程，有助于促进学生思想道德修养的提升，深刻理解现代社会人际交往中的诚信原则，为人正派、实在、公平、公正，为学生未来的求职之路和社会生活奠定坚实的思维准则和高尚的人格标准。

第三，加强学生互惠意识教育。现代社会是一个充满竞争的社会，竞争使社会充满激情和活力。竞争的本质并非单纯为了击败对手，而是为了共同推动社会进步，实现更加美好的生活。一般竞争代表着冲突、矛盾。不良冲突的产生一般都是利益的纠纷，解决冲突和矛盾应从根源入手，可以尝试用商业互惠处理冲突和矛盾。培养学生的互惠意识就是让学生养成正确处理合作伙伴之间的关系，在协调人际关系的同时增强双方合作共赢的心理意识。

第四，培养学生的创新意识。从出生开始，每个人都有不同程度的创造力和潜力，只是潜力大小因人而异，基本上没有先天创造力缺乏的人。要培育学生的创新意识就需要将科学融入教育中。首先，将创新性思维方式渗透到学生整个认知过程中。教学中每个新的知识点、每次实践活动，都应鼓励学生采用新的思维方式，引导学生扩展思维，充分发挥个性。其次，充分发挥学生的想象力。许多黑板报、海报的设计都需要想象力，特别是创新题材海报的设计，需要学生将现实社会与内心世界的想象巧妙融合在一起，因为联想也是想象与创造性培养中不可或缺的一环。最后，在充分发挥想象力的基础上，还要鼓励学生充分发挥动手能力，主动参与到实践活动当中，这是实践教学中必不可少的环节。多参与模拟实践活动，通过设计方案来培养学生的新点子、新兴趣，从而激发学生对活动的热情，自觉创造新的成果。

第三节 智慧教学的学生角色塑造

随着技术的不断发展，教学方式也在不断更新，从最初的"学习通"和"超星"平台发展到如今的"雨课堂""慕课堂"及各大高校专属课堂，教学手段越来越方便智能，教学范围越来越广泛，教学设备越来越丰富。智慧教学为每名学生提供量身定做的学习资源，根据学生个体化差异和不同的资源需求，为学生提供一对一的资源供需匹配。学生只需自由搜索所需知识，在推荐资源中选取最适合自己的专业技术，做好知识的汲取者，只要拥有辨别资源质量高低、专业性强弱的能力，就可以在平台上利用课余时间学习。课上，在教师的引导下，学生积极参与听说读写、答疑讨论、发现问题、解决问题等活动，不再只是坐在座位上记笔记，而是将自己充分融入课堂，感受课堂氛围，参与到讨论中去，跟着思维想象拓展自己的知识眼界，并努力成为品学兼优的学生。

相关调查结果显示，我国教育在践行全新的教学理念和促进学生有效学习方面仍有一些问题存在，因此，让"以人为本，促进学生全面发展"等理念真正落实的方法就变得尤为重要。如今科学技术越来越多地融入教育教学改革中，信息技术在一定程度上影响着教师对教学模式、教学工具、教学方法的改变。但目前初高中教学普遍存在班级人数总额比较大的问题，而大学生在学习中虽然更自由，却也面临着许多干扰因素，过度的放纵让大学生的学习主动性变得越来越弱。尤其是现在大数据信息网络丰富的时代，学生面临的信息复杂又多元，容易出现信息超载和碎片知识的极端现象，学生难以自主构建本专业的知识框架，学习成效总是不尽如人意。所以，正确认识学生在学习过程中的主体角色和教师在教学过程中的引导角色十分重要，找到明确的定位对学生以后的学习有着事半功倍的效果。

一、提前预习

从学生的角度来看，经过课前预习，大部分学生是带着预习时的感知和了解到的问题参与到课堂学习中的。讨论时，学生之间主要是交流自主学习的主要成果，在讨论中提出自己的困惑并寻求解答，或在各自的发言中总结规律。在学生讨论的言语中，尽量广泛咨询，可通过多种方法搞清楚问题产生的原因，如反复阅读教材、重温课前预习内容、通过网络查阅相关资料等。这种资源共享的过程，可能在师生之间、学生之间探讨互学后还存在部分疑惑，但这种学习的过程是参与的过程，学生全身心地投入到探讨当中，其好奇心在讨论时得到满足，这对学生来说有莫大的成就感。

在课堂教学中使用智慧教学工具，在课前预习环节可以通过问题引入来引导学生提前思考本节课知识。例如，在"雨课堂"或者"慕课堂"提前发布上节课内容及本节课的导入问题，不仅能快速将学生带入思考情境，而且能提高学生对本节课学习的热情。课堂上学生开阔思维，积极提出问题与回答问题，同时老师能够及时掌握学生的问题动态，及时答疑解惑并引入下一问题的讨论，环环相扣，提升学生自主学习的能力，实现个性化发展。课堂讲解时，教师可以略过简单的知识点，多以讨论的形式激发学生的学习积极性，使教学时间更灵活，课堂容量更大，从而实现以学生为中心的教学理念。

二、自主学习

学生要学会做学习的"主人"。应用智慧教学程序进行线上线下学习时，学生要学会及时进行自主性反馈，让教师实时掌握学生的学习动态，方便教师更改对学生的培养方案。例如：课堂上是否解决了课前产生的疑问？上课时的教学内容是否都听懂了？对本节课的互动讨论是否满意？能否愿意继续学习下去？针对自己的情况，教师安排的教学内容算不算因材施教？学生及时与教师沟通，教师通过反馈掌握学生学习是否积极努力、是否配合上课互动讨论、对本专业课程是否感兴趣、学习效率如何、对学习状态满意度等信息，及时对学生进行心理上的疏导与情感上的沟通，帮助学生逐渐适应智慧教学模式，促进学生在教学过程中不断成长，拓宽视野。

总而言之，目前智慧教学仍在发展中，学生的各个方面也都在发展中。学生要在教师的帮助下学会自主构建知识体系，将教师的引导逐渐转化为自己的智慧，做学习的"主人"，适应各课程的教学目标、熟悉不同教师教学时的动作表情、学会分辨教学内容的不同难度、掌握课上提问的诀窍等。通过适应智慧教学软件，无论课上课下，学生都能随时咨询教师，为自己答疑解惑。现在多地高校开始实施智慧教学，以信息技术为支撑的智慧教学正潜移默化地改变着现代教育教学的面貌，其相对稳定的教学设备、安全的教学资源、独特的授课方式正在不断完善，并走进人们的生活。学生要尽快适应智慧教学的教育节奏，跟随时代的浪潮发展自己、完善自己。

三、积极思考，发散思维

在智慧课堂中，学生除了听讲，还可以跟随教师的节奏，从问题的引入开始，展开思考，发散思维，了解课程内容，自主完成学习程序，积极探索课程的新发现，将精力集中在课程中。听教师讲解十分钟知识点后，学生迅速进入讨论阶段，提出问题并找到解决办法，快速动脑，这种从专心聆听到动手动脑的转换，避免了精力的消耗，使学生有效地参与到每场讨论中。在智慧课堂中，学生不仅是整个课堂的参与者，也是课堂的主角。从引入问题的回答、知识点的听取，到参与讨论、研究的问题，学生自始至终都积极参与着课堂中的每个环节，并保持主动的学习态度，将学习看作快乐的事情，不再逃避上课。

四、及时反馈

在智慧课堂线上交流中，学生碰到不懂的问题时，不仅可以随时连线教师答疑解惑，还可以发布类似于网络论坛的帖子在公屏里提出疑惑，等待教师或同学的回复。这种方式极易引起具有相同问题的同学的共鸣，学生可以在线上针对这一问题不断思考，进而直接进行讨论，分享各自的解题思路，互相帮助获取知识。教师在后台既可以看到学生的学习状态，观察学生对知识点的掌握程度；也可以发布新问题，引发学生认真思考，产生思想碰撞的火花，进而积极参与讨论，巧妙地引导学生思路，提高学生积极性。

智慧课堂还有留言的功能。自由留言投稿可以快速活跃课堂气氛，能够有效避免教师提问时出现会的学生一直会，不会的学生默默不发言的情况。尤其是当遇到一些全班性问题时，容易出现无人回应的情况，许多内向的学生在课上羞于开口，长时间不回答教师提出的问题，而智慧教学课堂给内向的学生提供了自由发言的平台，他们可以将课堂上的疑问带到线上与同学和教师交流，此时教师在线上平台能掌握学生在固定时间段内交流讨论的主要内容，监督讨论进程，确保学生专注于学习讨论。在回复学生留言投稿时，可以将班级性问题在下次上课时集中讲解，如果是关于教学内容的优秀留言，也可随时与全班学生分享。如果学生愿意，教师可以请学生在课堂借助多媒体为大家现场讲解，达到课堂交流的目的。

学生通过留言对某一问题进行积极的讨论，并在探讨过程中发现新的问题，同时寻找解决办法。学生可带着这些问题自主查找资料，或者在课后线上与教师交流，寻找类似题型反复练习，还能在问题解决之后将问题解决办法或者学习收获在线上分享给全班同学。课后持续的线上交流，为线下课堂的学习活动提供了有效的延伸，达到了学生随时交流学习的目的，学生私下发起的交流意愿与话题可以酌情推送到讨论小组或班级群，以供学生自由讨论。

智慧课堂的多种功能覆盖了全部的教学环节，完整地记录了学生的学习轨迹。智慧教学设计充分考虑学生的个性差异与学习进度，对于基础较弱的学生，设置基础知识专项练习、新知识预习页面；对于知识记忆牢固、基础知识扎实的学生，设计课后习题与新课早读，随时收集学生的学习数据，科学分析教学过程中的效率情况。智慧教学针对学生的特定需求进行专项练习，提高学生专业技术技能。同时，鼓励学生多实践，在实践中扎实基础知识，不断推陈出新，培养创新能力。智慧教学利用信息技术实现随时交流，进行多手段教学，混合式教学模式成效显著，在各教学中都可应用。

在智慧课堂线上教学中，教师与学生相互配合，解决学生难题，其中教师扮演着主导者的角色，选择具有代表性的重难点进行深入讲解，主要为学生编织知识网络。教师制作PPT课件，绘制思维导图，教学全程维持良好的教学氛围，把握课程进度，在适当的时机为迷茫的学生提出建设性意见，引导学生从理论走向实际。而学生扮演着课堂的"主学人"角色，是课堂上的核心人物，主要负责学习课堂理论知识，不断梳理汇总，最后转化为自己的知识，并充分利用教师提供的"思想风暴"机会，在讨论中找到思路。在智慧课堂教学过程中，学生与教师的角色相较于传统模式发生了显著变化，由"教师主动，学生被动"转变为"双方同时主动"。

在学生角色塑造方面，我们仍然要一步一个脚印逐渐完善现有的社会实践体制，引入科学的评价机制，通过多样化的途径和形式，确保学生实践活动的高效开展；提升学生的核心竞争力，同时要注重学生素养的全面培养，以学生为中心、以课堂为背景，塑造出全新的学生角色。智慧教学是以丰富线上教学资源为方式，以提高学生学习兴趣和成绩为目标的教学形式。授课教师根据教学数据设计课程特色，精心规划教学内容，设计全新的课堂形式，应用新技术手段制作课件，不仅使课前预习变得更为及时且引人入胜，也使课堂学习内容更加丰富多彩，课后复习更趣味自主。智慧教学通过线上平台，实现了对全网学生的广泛覆盖，并且涵盖了各个学科，有利于解决目前教育资源不平衡、地区差异大的问题。智慧课堂打破了时间、空间的限制，给学生创造了自主的学习环境和自由的学习时间，显著提高了学习效率。

随着现代信息技术的飞速发展，科学技术手段在教学中的应用越来越多，应用智慧教学方式是势不可挡的浪潮。教育不能只是授人以鱼，而是要做到授人以渔，在教会学生理论知识的同时，更要培养学生将知识应用于实际情境的能力，使他们掌握真正有益于人生发展的技能。学生不应是学习中被动接受的受者，而应是课堂的主人，以及与教师共同探索知识的核心人物；教师也不应是课堂的绝对掌权人，不应出现"一言堂"的现象，而应是学生学习的辅助者，引导学生的学习节奏，成为学生迷茫时的指导者、颓败时的激励者。教学中，应使学生养成独立思考的能力，激发学生主动学习的动力，在保证教学质量的同时，鼓励学生多与教师讨论，探索未知的世界，培养正确的兴趣爱好，以促进学生全面发展，成长为祖国的栋梁之材！

第五章　智慧教学的硬件设施

第一节　智慧教室的功能需求

一、智慧教室背景

教育信息化是衡量一个国家和地区教育发展水平的重要标志，实现教育现代化、创新教学模式、提高教育质量，迫切需要大力推进教育信息化。《国家中长期教育改革和发展规划纲要（2010—2020 年)》指出，"信息技术对教育发展具有革命性影响，必须予以高度重视"，同时把"加快教育信息化进程"单独列为一章，并列为十大项目之一重点推进。2012 年 3 月，教育部印发《教育信息化十年发展规划（2011—2020 年)》，从中概括提出了建设"三通两平台"（宽带网络校校通、优质资源班班通、网络学习空间人人通与教育资源平台、教育管理平台)，称为"三通两平台"工程。"三通两平台"工程被教育部确定为"十二五"期间教育信息化工作的核心任务。2021 年 12 月，中央网络安全和信息化委员会印发《"十四五"国家信息化规划》（以下简称《规划》)，对我国"十四五"时期信息化发展做出了部署安排，为各地区、各领域信息化工作提供了重要指南。《规划》明确提出，要"推进信息技术、智能技术与教育教学融合的教育教学变革"，这势必需要利用技术赋能，全面推进教学模式创新和评价方式改革。

智慧教室是一种能优化教学内容呈现、便利学习资源获取、促进课堂交互开展的新型教室。"互联网＋"时代为高校教育信息化提出了新的机遇与挑战，高校必须积极推进教育管理信息化的发展步伐，深入推进信息技术与教育教学相融合，创新教育理念和教学模式，促进教育管理数据融合与共享，提升高校精细化管理及科学决策的能力。

随着物联网、人工智能、云计算和数据挖掘等技术的不断发展和成熟，重构教室环境，以创造更加适合学生学习和教师教学的新型教室环境，已成为一种必然趋势。多媒体教室作为高校既直接又主要的教学环境和场所，对其环境与设备进行合理的改进、优化甚至重新布局，正是当下智慧教育对教学环境所提出的新挑战。高校正积极推进多媒体教室向智慧教室转型，智慧教室已经成为智慧校园的重要组成部分。

在学校，课堂教学环节是学生接受系统教育最重要的一环，优化教学互动环节，是确保教学质量、提高教学水平的关键。然而，现行的教学过程中，传统的签到环节、疑问确认环节、提问互动环节、课堂小测试环节存在诸多问题。具体而言，在签到过程中，大多使用纸张签到，其效率低且存在代签现象，签到结果不便于教师统计；在提问互动环节和课堂小测试环节中，教师给出简单选择后，学生通过举手发言或口头回答，这种情况下教师难以获得准确的统计数据，难以根据数据调整教学策略，没有准确的数据，很难进行后期的数据挖掘和数据统计工作。传统的教学方式已经难以满足现代化教学的需要，为此，基于物联网技术，集智慧教学、人员考勤、资产管理、环境智慧调节、视频监控及远程控制于一体的新型现代化智慧教室系统正在逐步推广运用。智慧教室作为一种新型的教育形式和现代化教学手段，给教育行业带来了新的机遇。

二、智慧教室的意义

与传统教室相比，智慧教室在教学内容的呈现上展现出显著优势，它可以进行多画面直播，包括教师演示、教师与学生的互动、学生移动终端或电子书包里的内容及虚拟教学环境等。智慧教室更便于教学资源的共享，教师可以将录制好的课程上传到云平台，从而分享给学生。智慧教室的教学设备集成化，不仅可以实现教室内所有设备的无缝融合、连接及统一管理，而且可以更好地开展互动化教学，为课堂的教学活动提供互动功能，还可以将互动的信息以数据的形式记录下来。

新媒体教育可以打破空间限制，将传统局限于教室的教学空间延伸到外部，学生可以通过网络从多角度搭建多元的学习空间。智慧教室有数据化教学系统平台，这一平台既承载了各类学习课件、教学视频及互动功能，又为师生提供了随时随地访问、管理和学习的空间，不仅可以通过大数据的挖掘、分析，为个人提供个性化服务，而且可以更好地进行教学评价与在线测试，即在教学过程中，教师可以随时收到学生对教学的反馈评价信息，并根据意见做出相应调整。另外，教师还可以进行随堂测试，教学系统后台自动对学生的测试结果进行深度分析，有助于教师更好地掌握学生的学习情况。同时，智慧教室提供智慧化环境控制系统，该系统可以根据师生的需求对课堂内的光线、音量、温度进行自动调节。

三、智慧教室的目标

（一）智慧教室功能需求

从目前高校实际教学情况来看，智慧教室应主要涵盖以下四种功能需求。

（1）智慧教室应能够支持传统教学、翻转课堂、研讨型教学、辩论型教学等多种教学模式，能够实现多种教学模式的互动，通过信息化手段实现组内、组间和师生的交流互动。

（2）智慧教室应能够方便、智能地记录教学过程，并将教师的整个授课过程及教学内容电子化、数字化，同时支持课程的在线直播、点播功能，方便共享学习。智慧教室应能够一键控制所有的多媒体设备，并能够对教室中的灯光、空调、窗帘、温度、湿度、$PM_{2.5}$等进行智能监控及管理，实现教学场地环境的自动控制。

（3）智慧教室应能够实现课堂大数据的实时采集和反馈，为学习分析提供依据，促进教学干预的实施和教师教学行为的优化，为学校和管理部门的决策提供基础数据。

（4）智慧教室应构建起与企业导师的双向互动平台，实现异地学生的同步教学，并支持与国内外优质学校进行跨校区的教研活动。

（二）智慧教室与传统教室的差异

智慧教室与传统教室相比，有一些共性的特点，但更多的是不同点。智慧教室的空间布局可以根据不同的教学模式进行灵活转变，整个教学环境更舒适，更便于开展教学活动。信息化软硬件与教学业务深度融合，全面服务于教学，促进师生和生生的协作、互动与分享，从而提升整体教学效率。随着越来越多的教学模式引入课堂，教学主体由老师逐渐向学生转变，提倡以学习者为中心的个性化学习、自主学习、探究性/协作性学习，这些变革高效地促进了学生的知识水平及素质的提升，同时新型智慧学习空间的建设和以学生为中心的新型教学模式的应用正走入越来越多的课堂。

　　智慧教室系统整合了教学过程中的课前、课中、课后、课外等各环节，使用多种硬件平台，通过网络互联，将教师端与学生端、教师资源与学生资源，以及教育云资源等多种平台连接起来，实现了无差别、实时且全方位的互动教学模式。与传统教室相比，智慧教室的改变体现在诸多方面，见表5-1。

表5-1　智慧教室与传统教室的对比

项目	传统教室	智慧教室
课程设置	单一标准化	特色、多元选择性
学习内容	学科传统理解	现代架构、资源整合
学习方式	被动接受为主	自主、探究、合作型
教学手段	传统教学媒介	现代数字化手段
评估模式	结果评价	思维过程、结果评价

（三）智慧教室的特点

　　（1）升级传统教学模式，促进教师整合资源和教学能力的提升，提高学生的知识应用能力、自主创新思考能力、探究学习合作协同能力。

　　（2）借助无线多屏互动技术，实现学习与分享同步进行，支持权限控制及跨平台多点交互功能。

　　（3）增设情景创设与活动工具，助力教师有针对性地制定更高效的交互课堂。

　　（4）小组合作协同模式与即时反馈相融合，快速呈现结果。

　　（5）个人学习空间满足进阶式教学。多种教学互动场景与功能推动了探究式教学模式、启发式教学模式、讨论式教学模式等创新型教学理念的研究与实现，并同时支持多种教学终端。

　　（6）课堂反馈更及时。智慧课堂允许学生和教师在开课前掌握预习情况，并在课堂上导入课前作业进行讲评；教师主持并指导学生进行探究式小组教学活动，并通过课堂及时反馈系统生成质量报告。

第二节　智慧教室的设计

　　智慧教室是数字教室和未来教室的一种形式。智慧教室代表着新型的教育形式和现代化教学手段。基于物联网技术，集智慧教学、环境智慧调节、视频监控及远程控制于一体的新型现代化智慧教室系统，是推进未来学校建设的有效组成部分。智慧教室主要由智慧黑板系统、集中控制系统、录播系统、环境控制系统组成，如图5-1所示。

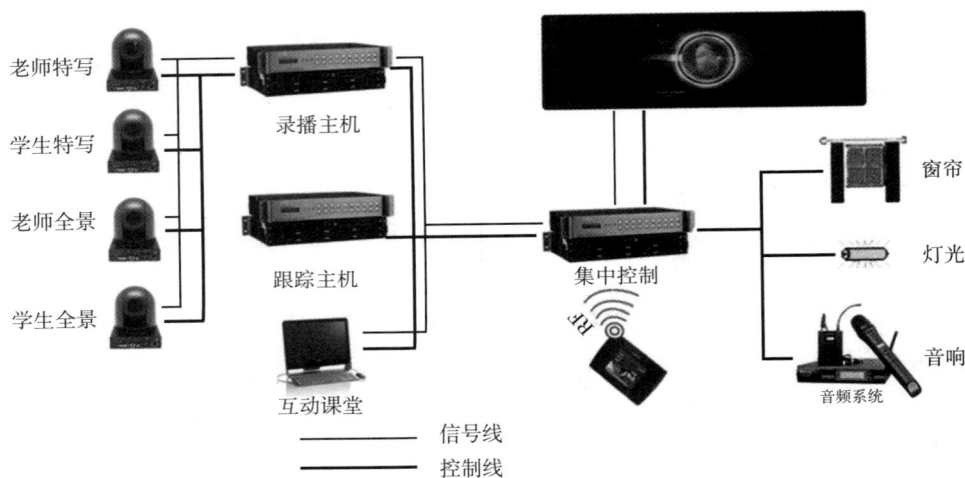

图5-1　智慧教室拓扑图

一、整体设计

　　智慧教室涵盖了智慧黑板、环境控制系统、录播系统等。通过集中控制器，可以实现一键上课功能；环境控制系统会根据当前教室的温度、湿度、二氧化碳浓度、光亮度等调节相关设备，使整个教室环境宜人；同时，录播系统启动，集先进的视频处理技术、图像识别跟踪技术、多媒体技术、网络流媒体技术、人工智能和自动控制技术等于一体，将教师授课和师生互动场景、多媒体VGA信号，以及课堂板书等进行智能化的切换录制，自动生成课程教学资源。智慧教室将教学设备、教学理念和教学手段相结合，实现课堂教学活动全面完整再现，形成常态化、自动化、智能化的课程资源建设和应用平台。

二、智慧黑板

智慧教室应配备一台纳米智慧黑板（图5-2），其正面显示为一个由三块黑板拼接而成的平面普通黑板，既可以在上面用各种水笔书写，又可以根据需要采用粉笔书写。智慧黑板拥有智能一键多媒体功能：当打开电源时，中间一块黑板显示出液晶显示画面，可以进行触摸互动；而关闭电源时，液晶显示画面隐形，恢复为普通黑板的外观，可以在上面进行书写。

图5-2 智慧黑板示例

三、录播系统

录播系统以录播主机和跟踪主机为核心，数字音频矩阵、高清摄像机、指向性话筒等为辅组成。电脑音频和麦克风/拾音器等音频数据通过数字音频矩阵进行优化处理，然后进入录播主机进行音视频同步录制。视频数据和所有音频数据经由录播主机内嵌的智能导播系统、图像分割及拼接处理、高清录制、直播、点播等模块进行教学过程录播，形成精品课堂的数字教学内容资源。录播系统组成与结构如图5-3所示。

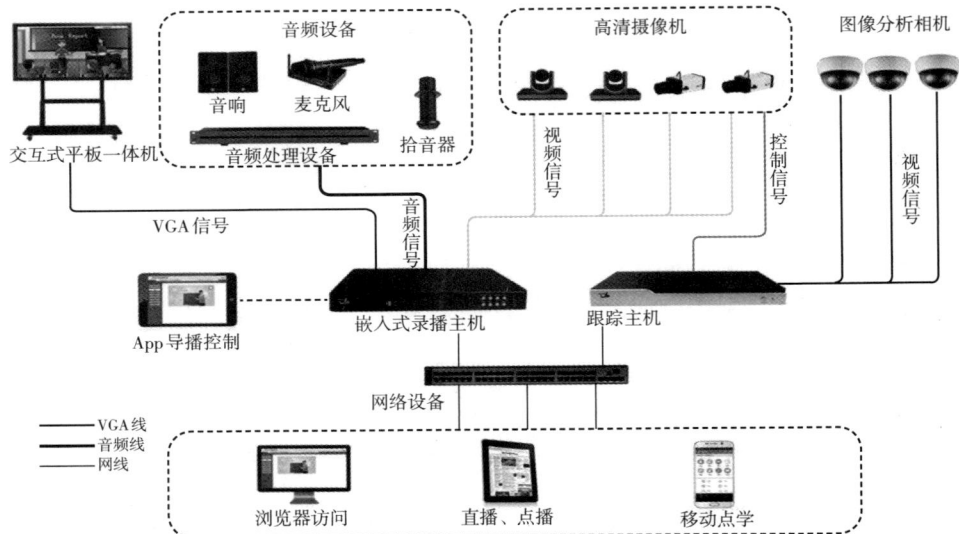

图5-3 录播系统组成与结构

四、环境控制系统

智慧教室的环境建设部分是比较重要的一个环节，会在一定程度上影响设备最终的拍摄、录制效果，同时环境建设会影响学生的健康。为了达到较好的效果，对于学校而言，需要对以下三点予以考虑。

（一）环境控制

教室内摆放着录播系统等多种设备，所以对温度、湿度都有较高的要求，保持教室内的温度、湿度适宜是保证系统稳定运行的基本条件。为保证教室内的温度、湿度适宜，教室内需安装空调，以具备加热、加湿、制冷、去湿、换气的功能，教室内温度应控制在 $15 \sim 25\ ℃$，而湿度应保持在 $60\% \sim 80\%$ 的舒适范围内。教室的环境噪声级需控制在 40 dB（A）以下，以形成良好的使用环境，同时教室应配备UPS稳压电源。

（二）声学处理

解决声学方面的问题，是教室改造的重点，主要是从外隔、内吸两个方面进行处理。外隔是阻止教室外部的声音干扰。如果每个教室都是录播教室，教室的位置没有办法选择，那么可以采取较为简单的办法，如挂厚重的窗帘，并确保教室门的密封性良好。内吸主要是减少室内的混响时间，以吸音为主。

（三）灯光设计

灯光照度是教室拍摄的必要条件。教室应避免采用自然光源，需采用人工光源。在使用人工光源时，"三基色灯"冷光源（R，G，B）效果最佳，灯光系统需采用分路控制，所有控制开关在控制室内进行统一控制。

主播教室的照度，对于摄像区，如人的脸部应为 500 lx，为防止脸部光线不均匀（眼部、鼻子和全面下阴影），三基色灯可旋转至适当的位置，并在录播主机安装时进行调试以确定位置；对于监视器及投影电视机，它们周围的照度在 50～80 lx，不可高过 80 lx，否则将影响观看效果；为了确保文件、图表的字迹清晰，对文件图表区域的照度应不大于 700 lx。

第三节　智慧教室的实现

一、智慧黑板

（一）智慧黑板功能

智慧黑板的设计首先要注重实用性，其核心设计理念围绕"方便、实用、高效"展开。智慧黑板只有操作简单、功能实用、效果良好，才能提升教与学的效率。

与传统多媒体教室方案相比，一体化的智慧黑板系统无论是在接入方式还是在系统控制方面，都充分体现了整个系统的先进性。无线应用是现代网络技术应用的必然趋势，智慧教室能否和校园网兼容、能否调用室外教学资源是考察智慧教室可扩展性的首要标准。智慧黑板系统的解决方案包含网络控制功能，即不仅可以通过教师的电脑控制，而且可以通过校园网实现远程控制，从而为未来的发展提供服务。

1. 智慧黑板的基础功能

智慧黑板应具备抗爆、防水、防尘、耐用等特性，满足教学环境高粉尘、高使用频率、高安全防护的使用需求。黑板表面应采用纳米复合镀层工艺，并确保具有以下功能。

（1）将有害光源进行过滤。

（2）纳米状态颗粒能将光源处物体进行漫反射处理。

（3）纳米状态颗粒既可以透光又可以书写。

（4）多点电容触摸模组工艺。

智慧黑板表面采用纳米技术，将玻璃光滑的表面做成由 $300 \sim 400$ nm 的微颗粒组成的表面，并具备以下四种功能。

（1）白板水笔书写功能、粉笔书写功能。

（2）高光过滤功能，能将对眼睛有害的光源过滤掉15%，使得画面变得更加柔和。

（3）形成表面防眩光功能，无法在表面形成反射影像，不影响可视画面。

（4）耐书写功能，无论是用水笔书写还是用粉笔书写，都不会损伤智慧黑板表面。

2. 智慧黑板的应用功能

智慧黑板可一键实现从黑板到触摸屏的切换，并自动运行软件平台，以互动的方式（如PPT、视频、图片、动画等）呈现教学内容，且丰富的互动模板能把枯燥的教学素材变为交互性好、视觉冲击强的互动教学课程。通过触控黑板的表面进行交互，以及简单、人性化的交互操作，将人与互动教学内容有机地连接起来，让师生之间产生更多的课堂互动。丰富的人机互动方式结合视听上的感官体验，让教学和学习过程不再枯燥。师生之间有更多互动，帮助学生加深对知识的记忆和学习。

智慧黑板具有多媒体计算机软件。该软件具备高效的编解码能力，可以同时显示音视频文件、图像文件，用户可以通过软件终端随时调取音视频文件、图像文件，并进行放大缩小显示；具有用户管理功能，可以设置密码锁，支持屏幕录像、修改分辨率与长宽比等功能，并将这些功能融入教学课堂应用中。

智慧黑板将先进的多点电容触摸、智能化办公教学软件、多媒体网络通信、高清平板显示等多项技术融于一体，整合了普通黑板、教学触摸机、电子白板、电脑等设备，打造出功能全面的智慧互动教学设备。通过智慧黑板，教师可完成普通黑板书写、电子白板书写、批注、绘画、课件演示、多媒体娱乐及电脑操作，打开设备即可进行教学。

（二）智慧黑板教学互动系统

智慧黑板应用的教学场景主要有备课模式和授课模式两种。

1. 备课模式

备课模式下，教师可以根据教学需求对页面中任意对象进行交互动画设置，设置好后在授课模式下能直接播放动画。

（1）设置对象进入或退出的形式，如渐变、擦除、百叶窗等。

（2）设置动画进入或退出的速度，如快速、中速、慢速。

（3）设置动画出现的方式，如单击出现、多个同时出现、一个播完后自动下一个。

（4）调整动画出现的顺序，更改动画设置。

（5）删除设置好的动画。

2. 授课模式

授课模式下，可以播放备课时设置的动画，通过翻页按钮控制动画播放。

白板软件主要有模式切换区、书写区、工具区、自定义工具区、辅助区五大模块，下面主要以白板的授课模式为代表介绍其功能。

3. 模式切换

模式切换有应用模式、学科模式和背景主题三个菜单。其中，在应用模式下，白板软件主要有白板模式和桌面模式两种。

（1）自由切换为桌面模式，等同于计算机操作，鼠标完全代替手指，能够执行系统内的所有自动操作，简单方便、易于操作；同时，工具栏中增加鼠标按钮，默认鼠标有效。在桌面模式下，所有白板的工具都有效，在桌面下的任何批注页面都可以保存到白板文件中，便于记录课程全过程，方便师生回顾课程所讲解的内容。

（2）自由切换为白板模式，在白板模式下，用户既可以使用白板软件的各项功能，也可以使用教育云平台上的资源和应用。

二、录播系统

录播系统拓扑结构如图5-4所示。

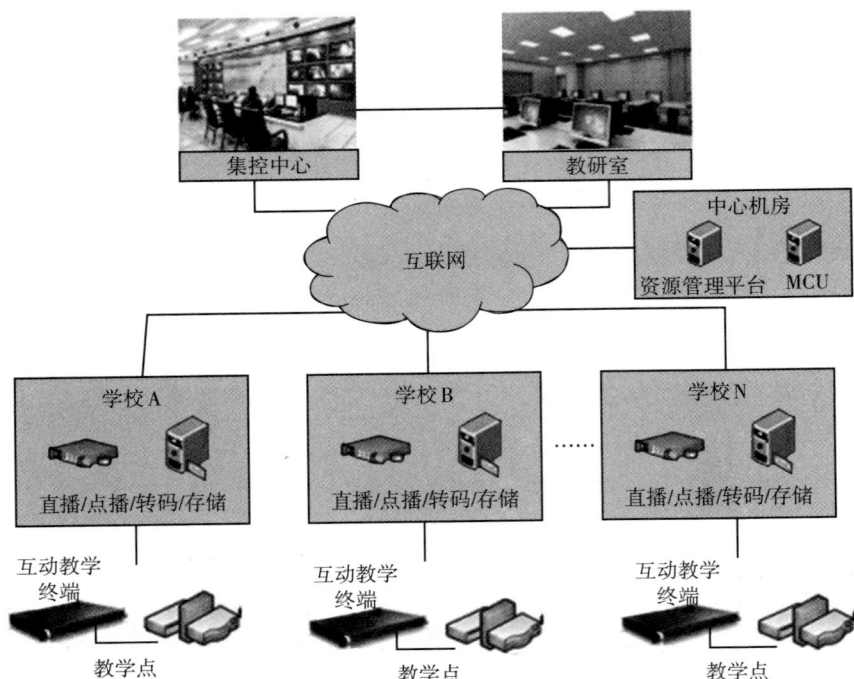

图5-4 录播系统拓扑结构

（一）录播系统的组成

教学资源云平台采用分布式部署、集中式管理模式，区域内各校不需要建立服务器，各校的资源统一存储在区域平台内，但每个学校有单独的主页和入口，不相互影响。分布式部署适用于每个学校都有单独的服务器，且各校和区域平台通过云平台后台进行数据连接和交互的情况。

教学资源云平台涵盖区级平台、校级平台，构建出五类空间（教育主管部门空间、各级教研系统用户空间、学校管理者空间、教师空间、学生/家长空间），根据不同的类别提供资源推送服务，并划分对资源内容的审核、访问和操作权限。教学资源云平台与智慧教室中的录播系统可以实现无缝对接，具有录播室集中控制、远程直播、视频资源自动上传、评课/晒课、远程教学、远程教研、远程视频会议等功能。

（二）录播系统的功能

1. 全自动录播教室构建

建设全自动录播教室，能够支持多点同时录制，可实现教室内教师与学生的视频、音频和计算机动态屏幕内容同步录制、直播，全面记录教学实况，并即时生成多媒体教学课件，为教育资源管理平台提供数据基础。

2. 构建基于教育资源的多种深化应用平台

构建教育资源管理平台，基于教育资源，针对不同对象，提供多种模块化的功能集合，以及对资源的深化应用。教育资源管理平台采用模块化方式，支持后续的系统升级，根据应用的不同阶段，扩展不同的应用模块，并按照不同层级进行管理，包含教师空间、学生空间、家长空间、领导空间、管理空间五大空间和名校课堂、名师课堂、精品课堂、专题课堂、同步课堂五大课堂应用。

3. 建设跨校区多点远程互动教学系统

多点远程互动教学系统可实现任意多所学校之间的互动授课与互动交流；可支持跨网段、跨区域互动；在多个学校的互动教室中，可以同时开展多个互动课程，直播与点播功能各自独立进行，互不影响。

4. 数据统计用于教师个人发展和教育管理

通过深度挖掘教师资源扩展应用的信息记录，并基于业务驱动数据的动态更新，对平台数据进行查询、分析和准确及时的统计，为教育管理者提供教育均衡指数，为他们的决策提供数据支持，让学校在日常教学中更加科学化、现代化、时效化、便捷化。

（三）录播系统的实现

录播系统的主要功能为单流单画面直播/点播、单流多画面直播/点播和多流多画面直播/点播。

单流单画面直播/点播，即从现场教学的多个视频流中选取一个视频流作为直播场景，在直播/点播过程中，教师可以采用自动或手动的方式控制导播模式，可以通过 Web 浏览器和智能播放软件观看直播/点播场景。通过单流单画面直播/点播，学生可以看到单个画面，也就是俗称的电影模式。

单流多画面直播/点播，也可称为画外画，即对多个视频流的画面进行分割与合并，形成单窗口多画面视频流，在单一的视频窗口中，可以同时显示主讲教师、学生及主讲教师电脑屏幕，在直播/点播过程中，教师可以采用自动或手动的方式控制导播模式，远端的用户可以通过Web浏览器和智能播放软件观看直播/点播场景，用户在播放直播/点播场景时看到的是多个摄像头组合拍摄的影像。

多流多画面直播/点播，即由多路视频信号组成多个视频流，在直播/点播过程中，教师可以采用自动或手动的方式控制导播模式，远端的用户可以通过智能播放软件观看直播场景，用户在播放直播/点播过程中看到的是多个视频流组合的视频。

为了给教师提供更加方便的系统使用体验，该系统提供了自动导播模式，其操作简单，仅需要在上课时由做好准备的授课教师轻按"开始/录制"按键，即可进行录制，所有摄像机的跟踪、机位切换均自动完成。

三、微课的录制

微课是指以视频为主要载体，记录教师在课堂内外教育教学过程中围绕某个知识点或教学环节而开展的教学活动全过程。微课是一种全新的资源表现形式，其具有短小简练的鲜明特征，具体表现为情景真实、主题突出、资源多样、形式灵活、交互性强、动态生成、便于传播、应用简单等优点。微课已经在国内外广为流传，并且受到教师、家长和学生的广泛好评及推崇。

当前，微课录制的手段逐渐趋于简单化和易操作化，使得具有一般信息技术的教师也可以制作自己的微课，并可以将微课资源应用云平台的微课广场进行分享。

（一）虚拟切片

通过独创的虚拟切片技术，实现知识点打点信息与视频进度关联的效果，用户可通过搜索，实现所搜即所得。一般整节课的视频时长为45分钟，当学生再次观看课程视频时，可能只需要看这节课某个不太明白的知识点，不需要看完整的视频。基于此问题，资源平台提供了基于知识点的微视频编辑功能，即教师在个人空间，可以对自己的整堂课视频，通过编辑软件分割成多个时长为5~10分钟的微视频，并设定微视频开始和结束的时间虚拟点，使得每个微视频包含一个知识点。

（二）精品微课资源制作

通过制作精品微课资源，实现微课标准化、专业化、简捷化及批量化录制。精品微课资源的制作方法如下。

（1）同步剪辑：对录制好的视频进行编辑时，可对课件的多流画面及索引进行同步片段切除和片段导出，剪切可精准到帧，确保切口处视频清晰流畅，以及剪切后的视频画面流畅，无花屏现象。

（2）索引编辑：针对多流画面，可修改和编辑索引目录，可以增加、删除、修改索引。

（3）视频部分可以使用图片替代：对录制完成的课件视频部分，可替换成图片。

（4）合并自如：支持同时合并多个不同尺寸的课件。

（5）视频修整：可以对录制好的视频文件进行修改。部分PPT课件在录制前就存在错误文字，但录制时并未发现，因此需要对录制好的视频中的PPT课件错误进行修改。

编辑完成的微视频可以在资源平台的知识点视频导航中分类展示，制作完成的微视频保留在个人空间中，并且可以通过搜索功能快速定位某个知识点的视频。微视频通过审核后，可以发布到平台资源库中供人们观看或下载。

（三）教师培训

培训开始前，教师可自主选择想参加的培训。在培训过程中，对其进行全过程的学习监督，记录教师已学过的课程；针对每次培训，提供相应的试题，对教师的培训情况进行在线测评；对培训进行数字化管理，为每名教师建立永久的个人电子档案。培训结束后，形成有效的培训存档和记录。

教师之间可自由组合成不同类型的团队，建立各种形式的协作组。既可以参加由教研员组织的官方教研协作组，也可以按照学科、年级、课题等不同形式组建协作组。在协作组中，教师可以组织各种形式的教研活动，实现组内资源共享；教师之间可以进行讨论交流，如发布备课计划、组织教研活动、点评教学案例、解答教学问题、组内课程评比等，创设互动交流共享的氛围，积淀与展示组内研究成果。

四、环境控制系统

智慧教室环境控制系统是以先进的物联网技术为基础，依托物联网三层体系结构（应用层、网络层、感知层）设计而成的。该系统运用传感器、执行器等智能装置，通过人的策略控制对物理世界进行感知识别，依托通信网络进行传输和互联，利用计算设施和软件系统进行信息处理及知识挖掘，实现人与物、物与物的信息交互和生产生活信息的无缝链接，进而达到对物理世界的实时控制、精确管理和科学决策。

智慧教室的环境控制系统是以先进的物联网技术为依托，为具备条件的教学单位中的广大师生创造一个更为智慧、绿色、节能的教学环境管理平台，营造更为高效、舒适的教学环境，进而推动教育事业的发展，为教育、教学提供有力支撑。该系统可分为环境灯光控制系统、环境窗户控制系统、环境温湿度控制系统、环境CO_2控制系统、环境空气质量控制系统、室内自动光照调节系统等。

教育的主体是学生，无论是儿童、少年、青年还是成人，他们在国内受教育的载体主要是学校，所以本书所述智慧教室环境控制系统，就是围绕学生、教室、教学环境保障、教学主管部门和广大师生的高效互动而展开的系统工程建设项目。

该系统的建设不仅可以实现教室的温湿度与空调、含氧量与通风、光照度与灯光、投影机的使用与幕布/窗帘/照明等教学环境监测变量和教学环境保障设备间的策略化管理与智能联动，更可以为教学任务的调度变更、教务管理、考试等教学活动提供一个更为高效的网络化通知通告展示平台，进而为教育教学、教务管理、考务管理及学生管理提供更为智能、高效和有力的物理环境支撑与信息传递交互环境支撑。

智慧教室环境控制系统如图5-5所示。

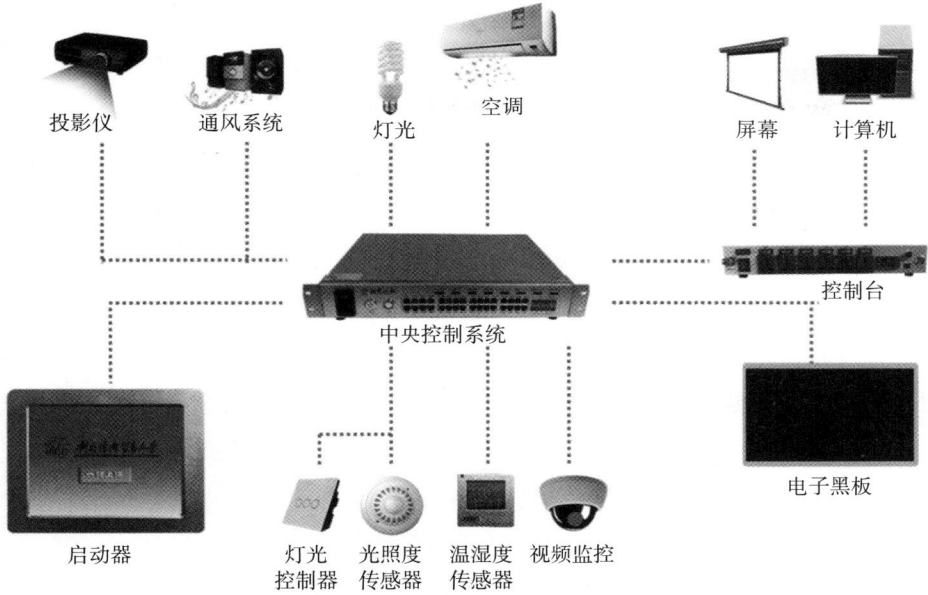

图5-5　智慧教室环境控制系统

　　MTE智慧教室综合管理平台以智慧教室工作站为核心，通过RS232，RS485等通信协议对功率放大器、麦克风、音箱等影音设备进行统一控制，通过中央控制器集中进行操作管理，便于根据课堂需要对扩音系统展开调节，从而达到理想的教学使用效果。

　　智慧教室环境灯光控制系统如图5-6所示。室内灯光基于用户策略，根据室内光照度的监测值，自动调节灯光的开闭、强弱，从而达到最好的光照效果，避免强光刺眼、弱光害眼。当投影仪打开后，再次进行智能调节，以保证投影的最佳效果。

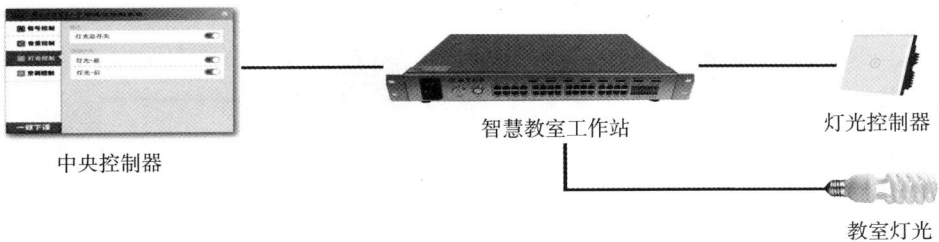

图5-6　智慧教室环境灯光控制系统

　　智慧教室环境窗户控制系统如图5-7所示。窗帘与灯光配合，并与投影联动，控制功能均集中到控制面板上，以便于操作。窗帘的开关有手动和自动两种模式，可以自由选择，以保证教室内达到最佳采光效果。

图5-7　智慧教室环境窗户控制系统

智慧教室环境温湿度控制系统如图5-8所示。通过传感器实时感知教室的温湿度，经过数据分析，该系统会自动控制空调的开关，将教室温湿度保持在适宜的状态，省去了空调的课前调节、课后关闭的手动管理过程。

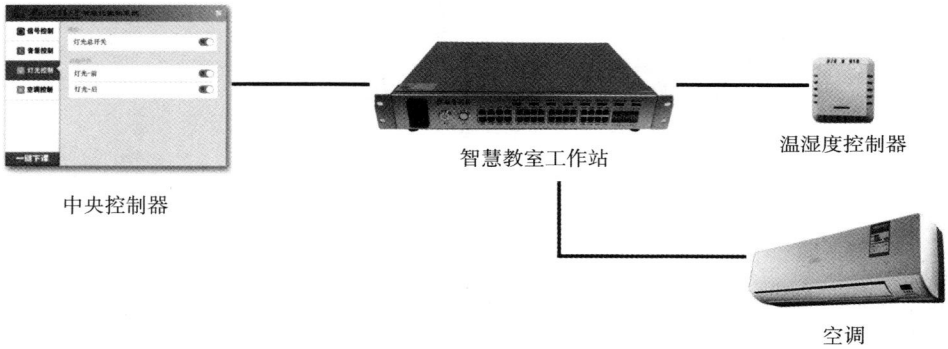

图5-8　智慧教室环境温湿度控制系统

智慧教室环境CO_2控制系统如图5-9所示。通过CO_2传感器对教室内的CO_2浓度进行监测，通过与排风扇等通风设备的联动，保证教室的O_2供应，减少由CO_2超标造成的学生犯困现象，保证师生良好的上课状态。

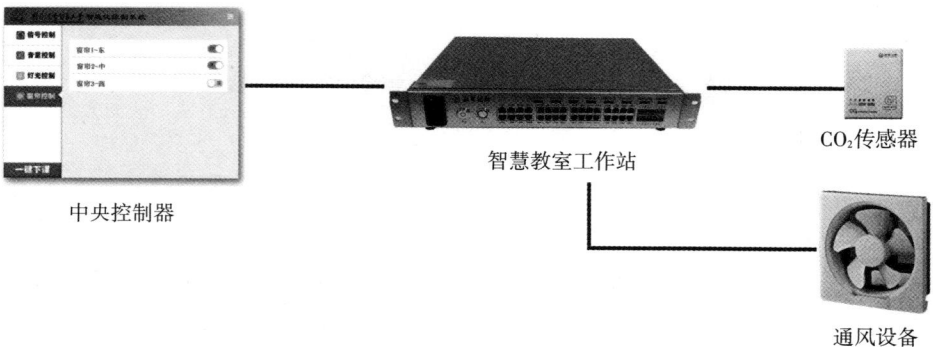

图5-9　智慧教室环境CO_2控制系统

智慧教室环境空气质量控制系统如图5-10所示。$PM_{2.5}$传感器与空气净化器联动，对教室的空气质量进行实时监测。当粉尘超标时，该系统自动进行空气净化，降低粉尘对人体的伤害，以保证健康的学习环境。

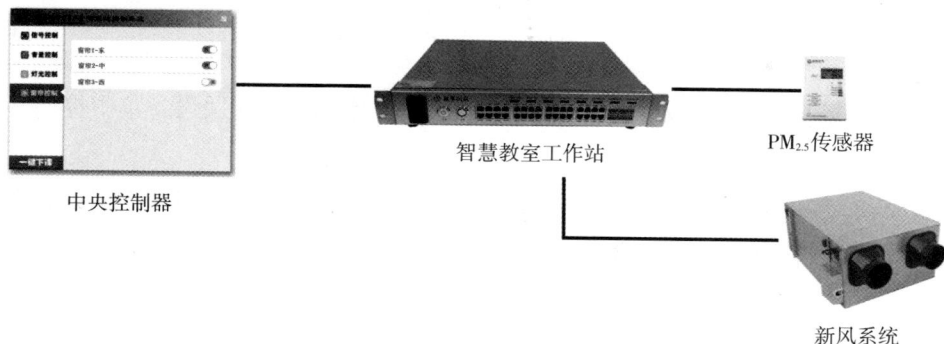

图5-10 智慧教室环境空气质量控制系统

智慧教室环境室内自动光照调节系统如图5-11所示。该系统对教室的光照度进行监测，在光照过亮、过暗的情况下，自动控制灯光的开关和窗帘的开闭，省去人为操作，尤其是在授课过程中，可以避免光照对课堂教学带来的影响。

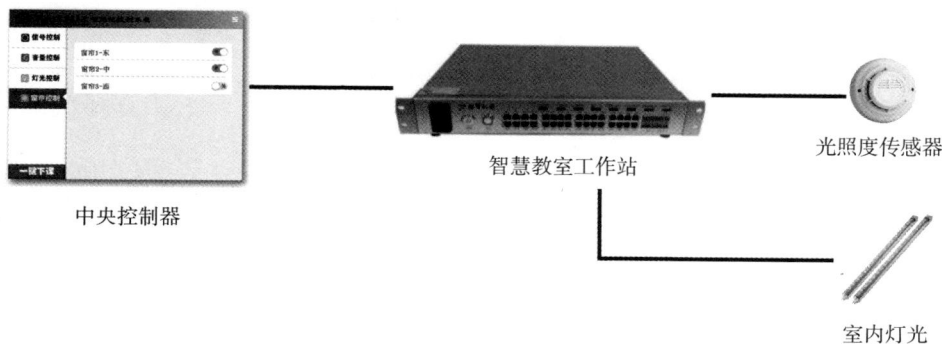

图5-11 智慧教室环境室内自动光照调节系统

中央控制器通常安装在讲台上，可以集中管理教室的各种设备。

编程界面可以根据教师的需求，自由定制操控界面UI，而不采用传统的固定按键式面板。

所有按键均有状态指示，方便教师了解当前状态及操作结果；面板支持锁定，可实现开放式讲台管理模式；内置标准RJ45网络接口，可扩展网络远程控制功能；包括无线/有线触摸屏、固定面板、单机软件、远程网络软件等控制方式。

手机终端首页提供一键上课功能，点击"一键上课"即可自动执行配置好的上课动作。

"一键下课"与"一键上课"相对应，根据配置关联的设备操作执行一系列动作，如关闭电视和投影、上升幕布、打开窗帘等操作。

该系统提供列表预览功能，可以展示所有教室的当前状态，支持一键上、下课的快捷操作，支持场所视频预览，支持对教室内所有相关设备集中控制并记录相关日志。

该系统支持树状场地信息的直观展示，支持监控大盘预览对应楼层所有教室的灯光、门禁、空调、投影状态，既可以单独控制灯光、门禁、空调、投影，也可以按照类别进行批量控制。

对应选择的场地系统可以自动展示当前场地的3D图和视频（需要安装VLC插件才能观看）。

该系统可以实现虚拟画面和教室内手机终端画面的同步显示，支持同屏操作，支持状态总览功能；能够对教室内的电脑进行远程管理和控制。

第六章　智慧教学的教学设计

第一节　智慧教学的教学设计理念与原则

一、智慧教学的教学设计理念

智慧教学是以21世纪人才需求为导向，以培养智慧型人才为宗旨的新型教学模式。其中，教学设计是整个智慧教学过程的先导环节，合理的教学设计会让学生在有限时间内实现学习效率的最大化，让学生在完成学习任务的同时增强自身能力与各种学习技能。智慧教学的教学设计理念如下。

（一）以学为中心，注重知识价值

知识中蕴涵着智慧，要想将知识转化为智慧，需要教师精心设计各个教学环节，以激发出知识潜在的智慧价值。教学要保持基础知识的严谨性与逻辑性，引导学生进行自我学习与反思，加深他们对知识的理解与记忆。运用技术创设情境化的问题任务，在这个过程中要注重问题的启发与引导，融入更加生活化的内容，在探索问题的同时，培养学生的问题解决能力。根据学习需要设计方案、发起和组织学习活动、辅助学习过程、指导学习方法并进行有效的学习评价，是未来课堂教学的趋势。以学为中心的智慧课堂，要求学生既是学习活动的发动者，也是学习活动的维持者。未来，教师应熟练掌握学习分析技术，依托学习大数据，结合智能辅助教学系统和人工智能技术产品，精确把握学生兴趣、动机和学习习惯，精准定位学习进度和学习状态，引导和培养学生自动、自主、独立学习的能力，教学生学会自主学习，做学习的主人。

（二）个性化学习，创新教学组织形式

个性化学习，作为智慧教育背景下的一种教育理念，旨在促进学生有个性地实现全面和谐发展，既是智慧课堂环境下的教学目标，也是智能化时代的一种全新的学习方式。个性化学习是学生有个性的、全面和谐发展的必然追求，是学生创新能力培养的前提条件。作为智慧课堂环境下的全新学习理念和学习方式，个性化学习不是概念化和口号化的炒作，而是智能化时代追求创新人才培养目标的逻辑必然。结合中小学创新教育和创新能力培养的实践，个性化学习的落地实施要处理和解决好以下三个关键问题。一是个性化学习环境的创设和教学方式的重构。个性化学习要求网络化、数字化、智能化的智慧课堂环境，以智慧教学化解传统教学中个性化学习长期受限的时空难题和困境，为学生个性化学习搭建多维空间，提供自由、交互、多元、共享、个性化的成长环境和平台。二是在自主学习的基础上，实现学习进度计划、学习内容和学习策略的个性化定制。个性化学习以自主学习为前提，基于兴趣与潜能的个性化定制，为自主学习确定目标、分配任务、规划时间和进度、推送学习内容和资源，为个性化学习提供科学设计的实施方案和进度计划。三是大数据支持的精准学习策略指导和深度学习。智慧课堂的课程教学平台，将完整记录和保存直播课堂、视频观看、笔记、作业、单元测验、情感、认知行为等学习过程大数据，教师在深度挖掘和分析数据后，针对学生的个体差异、学习困难和问题，给予个性化的精准答疑和改进策略指导。在明确自己的进度进展和下一个学习目标后，根据教师的指导与建议，学生将进入拓展学习和高阶学习阶段。

（三）针对项目，提倡新教学理念

教师围绕项目实践进行引导与点拨，学生在完成项目过程中朝着目标前进，去发现问题，以及构想需要什么样的知识与手段解决眼前的问题，从而一步一步接近目标，完成项目创新。目前，高校教学流程主要是教师传授，学生练习，或者学生先练习，教师后讲解，但是都未从根本上解决学生创造力不足的问题。智慧教学在教学活动组织方面借鉴了"学—研—创"理念，着手培养学生的创新、创造能力。第一，需要预设学习活动，包括案例研读、操作演示、问题交流等。第二，需要有组织地提供支架和模板，引导学

生进行学习和反思。对于缺乏自主学习能力的学生，提供有针对性的反馈，帮助他们厘清学习思路，引导他们逐步学会自主学习。第三，必要的协作交流，空间支持在线交流、学习共同体、学习小助手等功能，作为个性化自主学习的辅助手段。第四，教师点评学生学习情况，多采用表扬、鼓励性话语，维持学习动机，推动学习向更深层次发展。没有一种课堂是永恒不变的，没有一个学生是不成长发展的，因此应树立常教常新、持续变革创新的课堂教学新理念。

二、智慧教学的教学设计原则

（一）需求导向

以需求为导向，可以发挥智慧教学的最大价值。

例如，在传统的实验课程中，只有前排的学生能够看见实验操作过程和一些细微的实验变化，后排的学生大多无法看清实验细节，只能单纯记录实验笔记。而在智慧教室中，教师可以把实验过程同步显示在主屏幕和学生的平板电脑上，每名学生都能看到细微的实验变化；而且实验笔记会通过视频的形式分享给每名学生，这样，在实验过程中，学生可以一直观看实验变化，而不用忙于记笔记。

近年来，高校掀起了一场智慧教室建设的"浪潮"。智慧教室通过重构教学环境，推动教学模式从以教师为中心的传统课堂转向以学生为中心的研学型课堂，将教师从"粉笔+黑板+PPT"的教学形态中解放出来，同时激发学生参与课堂、开展教学互动、解决问题的积极性。在方便教育工作的同时，提高教育质量和学习效率，满足当代教师教学和学生学习的进阶需求，是发展智慧教学的原动力。

（二）以人为本

以人为本，既是智慧教学的根本原则，也是智慧教学的初心。

无论是线下还是线上教育，以人为本的思想在智慧教学中提出了与传统教育截然不同的学习主张。传统观念下的教育偏向于机械化教育，教师上课形式单一，学生学习枯燥乏味，甚至有些学生为了满足家长的虚荣心、班级排名、应付考试而学习。大部分学生对学习的目的和意义没有正确的认知，走向社会以后没有独立学习的兴趣和能力，容易在激烈的竞争中被社会淘汰。大部分传统意义上的教学都是应试教育，老师按照教案备课，学生按照老师的授课内容盲目学习，知其然而不知其所以然。成绩并不是衡量学生学习能力的唯一标准，但一些家长只关心孩子的学习成绩，对孩子的心理健康却不闻不顾。在这样环境下成长的孩子很难有独立学习和思考的能力。

在智慧教学模式下，教育过程中的育人意识得到了很大提升，从关注学科教学内容转向关注学生发展，促进学生全面并有个性地学习，实现以人为本的育人功能。智慧教学的根本目的，是帮助学生健全人格和全面提高学生的个人素养，实现从机械式教学研究到为学生自身发展服务的学习研究的转变，渗透以人为本和以学生为主的人文思想。智慧教学汲取人本主义的合理内核，把学生的需求和发展作为自己的核心任务。

（三）教师主导

以教师为主导，教师是教育发展的第一资源。

俗话说："工欲善其事，必先利其器。"优质的教师资源是推动智慧教学实施的关键要素。没有教师观念的转变、能力的发展和素养的提升，很难实现传统教学向智慧教学的跨越。智慧教学为更多教师提供了平台，汇万千智慧于一体，使教育理念百花齐放，推动当今主流教学理念的转变。因此，必须尽早谋划、尽快推动，长远布局智能教育时代的教师队伍建设。

（四）学生主体

以学生为主体，学生是教学活动的主体。

以学生为主体主要表现在教学互动过程中学生主体性品质的培养和建构上。其主要表征为：学生学习动机中的主体意识充分觉醒，在学习活动中，主体能动性、主动性和创造性得到充分发挥，在学习成果评价中，主体价值得到充分尊重，潜能得到充分开发，个性得到和谐发展。

课堂教学活动以学生为主体，就要尽可能地给学生多一些思考的时间、多一些活动的余地、多一些表现自我的机会、多一份尝试成功的愉悦，让学生自始至终都能参与到知识形成的全过程中。要努力将"一言堂"变成"群言堂"，让学生自己去尝试、讨论、合作，自己去领受、理解知识，将素质教育落实到课堂教学的全过程中。

在互联网高速发展的背景下，电子产品市场正经历指数级扩大，而青少年对电子产品的依赖也愈发强烈。人工智能的出现为人类生活带来了许多便利，提高了人们的工作和学习效率。在这样快节奏的大环境中，将教学与互联网联系起来，在一定程度上更能满足青少年的学习需求。时代在进步，学生的学习能力也在进步，智慧教学比传统教学方式汇集了更多的教学资源，旨在促进学生全方位发展。在教师指导下，让学生自主选择学习内容、培养学习兴趣、养成良好学习习惯、提高学习效率，是今后教育发展的大方向。

（五）合作共建

与多平台合作，共同建设智慧教学的教育平台。

校企合作是实现学校与企业"优势互补、资源共享、互惠互利、共同发展"的重要形式。这些合作不仅加深了学校与企业的关系，还为教师提供了先进的教学辅助手段，在人才培养、校企文化共建等方面产生了积极的影响。

为进一步促进校企合作，深化产教融合，学校应与优质智慧教学企业建立起长期稳定的合作关系，资源共享、优势互补、协同合作，共同培养创新型、复合型人才。如今的智慧教学并不是一家独大，已经有许多智慧教学的成功先例，在这样百花齐放的环境下，集思广益，平台之间合理竞争、正向发展，互相取长补短，合作共赢，才能共同建设优质的智慧教学平台和良好的教育环境。

（六）创新先行

在传统意义上实现教学革新，构建符合个性化成长规律的智慧课堂。

智慧课堂是以建构主义学习理论为依据，以"互联网+"的思维方式和大数据、云计算等新一代信息技术打造的智能、高效的课堂。其实质是基于动态学习数据分析和"云、网、端"的运用，实现教学决策数据化、评价反馈即时化、交流互动立体化、资源推送智能化，创设有利于协作交流和意义建构的学习环境，通过智慧的教与学，促进全体学生实现符合个性化成长规律的智慧发展目标。

智慧课堂是"互联网+"属性带来的教学变革，其构建了学校完整的教学模式，实现了以课堂为中心，促进了"连接"与"分享"功能，并重塑了教育生态（包括教与学、学与学、校与校之间的互动与融合）。智慧教学不是具体的互联网教学或人工智能教学，它是一种教育理念变化的趋势，是信息时代下教育发展的必然过程，是推动教育高质量发展的关键所在。

第二节　智慧教学的教学设计方法

一、智慧教学的用户构建

在智慧教学的教学设计上，应从个体和集体两个角度进行构建，以实现自我学习与集体合作并行。智慧教学的用户构建路径见图6-1。

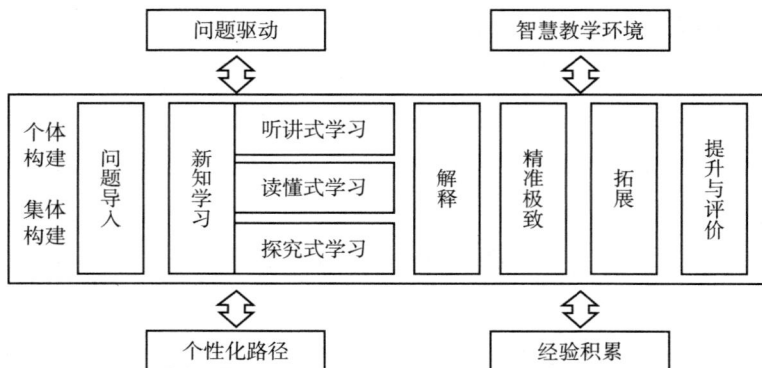

图6-1　智慧教学的用户构建路径

在个体构建上，教学设计应当以培养学生兴趣爱好为主，激发学生内在的学习兴趣，将以往对成绩排名的追求变成对获取知识及对美好未来的渴望，让学习变成一种能力和习惯，而不是单纯的教育产品。解放学生天性，遵循个性化教育，注重劳逸结合，关注身心健康，让以往的学习模式不再禁锢学生的发展与进步。注重专业与技术的划分，培养全方位人才，让每名学生都能发现真实的自己，并不断完善自我、挑战自我，成为社会的中流砥柱。

在构建个体学习规划的同时，也要注重对集体的构建。

在集体构建上，教学设计应当以培养学生的团队协作能力为主，使学生做到互相监督、互相帮助，培养个体与集体的协调性，树立正确的集体荣誉感，从而增强学生的社会责任感。让学习方法相似或相同的学生组成学习小组与兴趣小组，共同培养学习爱好。由组长定期召开小组讨论会，讨论小组的学习方向，设立学习目标，制订学习计划，完善成员架构，将学生从"学习是自己一个人的事"的传统观念中解放出来，开拓思维、集思广益，让学生学会遇到问题与集体一起解决，并互相鼓励帮助。培养学生独立思考与请教他人相结合的能力，让集体思维更加灵活。

无论是个体还是集体的教学构建，都应遵循以问题导向为动力，以个性化为前提，以个体和集体的经验教训为积累，培养学生拥有一套独立、完整、适合自己的学习方法。

二、智慧教学环节设计

（一）问题导入——学以致用，知行合一

问题是驱动学习的主要能源，任何知识都是为解决具体问题或完成具体任务而总结出来的。因此，让学生认同学习内容的最佳办法是将知识还原到问题或任务，让学生明白是为了解决问题或完成任务而学习新知的，从而以问题或任务为线索反向建构知识。用生活中的问题或任务驱动学生学习，并且给学生充分的思考时间和空间，让学生动手操作、参与，做到操作与思维同行。

教师要创设能启发思维的、学生感兴趣的、贴近学生生活的情境，鼓励学生自主探究能否运用已学知识完成任务，并在此过程中发现解决不了的问题。例如数学教学，在教学时教师应严格遵循数学课程标准及新课程理念，在数学学习过程中首先要为学生创设有效的情境，依托情境促进学生发现问题并提出问题，进而学生利用所学到的数学知识与技能，分析并解决所提出的问题。以数学的图形与几何模块为例，所创设的情境需要巧妙地融入数量或空间方面的关联关系，以助于学生运用数学的语言把发现的问题准确描述出来。

（二）新知学习——有教无类，因材施教

在问题导入后，给学生一段时间思考，这在一定程度上比传统模式的预习更能激发学生的积极性。学生学习有了动力，这是学习新知的最好时机。

智慧课堂教学内容以案例为主，通过案例分析引导学生自行理解课程内容，通过与实际生活建立联系，使学生加深对课程知识的理解。例如，"Web

前端技术"课程是以网页制作引导学生探究 Web 前端的开发问题的课程。在该课程的教学过程中，可以选取某网站首页作为教学案例，通过分析该网站首页的制作方法，帮助学生了解色彩、图形等元素之间的关系，从而为学习 Web 前端开发奠定基础。

在教学新知的环节，要始终遵循一个原则——个性化原则。学生之间的差异是客观存在的，因此，让学生个性化学习的基本思路就是将孔子的"有教无类""因材施教"理念落实到每节课中，能够让学生真正实现个性化学习，真正解决学生的差异问题。以往，大多数教师的教学设计都是线性的流程，为全体学生统一规划学习路径，导致部分学生学习效果不好。比如，探究方式对学生的创新性思维能力培养最有利，但是并非每名学生都能在所有知识领域通过探究方式实现高效学习，如果实现不了，便会浪费一些时间。因此，最好的做法是让学生在知识片段的学习中找到适合自己的方式和方法来完成学习活动。

一般来说，获得新知的方式有三种：第一种是听讲式学习，即接受式；第二种是读懂式学习，即自学，也称直接获取式学习；第三种是探究式学习，是指学生通过解决实际问题进行自我发现、自我归纳和自我提升。探究式学习方式对于学生的创新性思维及能力培养的价值举足轻重。真正的个性化就是要让学生能够根据自己的实际情况选择适合自己的学习方式进行学习。因此，针对每个知识点，教师都应尽可能地提供支撑三种学习方式的资源，尽可能地让学生通过探究的方式进行学习。学生自己归纳总结知识，既符合知识特点，也符合课程标准中的要在活动中积累经验、形成能力的要求。如果问题实在探究不了，那么学生可以选择自学或听讲的方式进行学习。

（三）解释——知其然，更知其所以然

学习新知是为了能活学活用，而解释是活学活用的基础，让学生做到举一反三、以此类推。

学生无论是通过独立自主的知识构建还是通过小组合作的群体知识构建，无论知识是来源于自己的亲历探究还是对现有结构的吸收与内化，有效的学习总是伴随有意义的学习发生，而解释是对学习过程的第一轮反思。

对应接受式、获取式的新知获取方式，学生需要将所接受或获取的内容进行"理解"或"消化"，即学生必须依据自身已有的知识和经验来对所接受或获取的内容做出解释，必须在新的学习材料与主体已有的知识和经验之间建立实质性的、非任意的联系，从而使其获得确定的意义。即便通过探究式方式学习的学生，也存在不同情况，如部分学生快速探究出结果，部分学生则步履维艰，而后接受了别人的观点。在解释过程中，学生同样会达成既掌握了知识又发展了能力的目的，既体验了完成任务的成功又体会了自主学习、知识构建的乐趣。

（四）精准极致——精益求精，如琢如磨

单纯对新知内容的解释是片面的，还要结合其原理所在，探究物质本源，透过现象看本质，从更加精准的角度去解释学习内容。

精准教学作为精准、系统的评估方法，兼容于各种教学策略，可对任何学科、任何学段的教学进行评估。而智慧教学中的精准极致，是指通过之前学习活动之外的事件来验证结论，旨在为学生提供完善所学知识与概念，并将这些知识与概念应用于其他情境的机会。

在该环节中，精准极致作为个性化的另一个体现，是经过个性化测试与训练环节得以实现的。以往的测试训练都是整齐划一的，全班学生面对相同的试题，往往存在部分学生提前答完等待结果，部分学生时间截止也无法答完的情况，既浪费了某些学生的时间，也打击了某些学生的自信。精准极致环节则尽可能为不同类型的学生提供不同难度、不同背景的测试训练题，更为精确地诊断学生的掌握情况，有针对性地改善学习。

（五）拓展——举一反三，融会贯通

从问题导入，到学生个性化的新知学习，再到促进有意义学习的解释，又到尊重个体差异的精准极致，学生完全亲历或者借助于教师的替代性或部分替代性的教学策略及支持，完成了知识的构建，并基于所构建的知识解决所提出的问题，改善知识结构。

然而，个性化教学的目的是解决生活实际问题，而不仅指向某个实际问题。当学生完成个性化学习后，教师应引导学生利用所学新知解决新问题，使学生所学新知成为沟通实际问题与理论知识的桥梁。在该环节，拓展起到重要的责任担当作用，让学生用所学的知识解决生活中的难题，以达到教学目的。

拓展有利于培养学生积极向上的生活态度。拓展培训有助于培养学生的创造性思维和实践动手能力。

（六）提升与评价——三省吾身，修己为人

如果说学习新知是教学设计的主体，那么提升与评价就是学生学习的助推器。

提升是指学生在完成新知学习的基础上，进行知识与方法的系统梳理。这一过程为学生后续的深入理解和意义建构奠定了坚实的基础。在学生进行知识与方法梳理的过程中，思维导图等可视化工具是有助于学生学科素养及高阶思维培养与提升的利器。

来自他人的评价也是获得自我提升的途径。而教学环节中的评价应当是带有主观而非客观意识的，其目的在于激励学生努力学习，应当是以鼓励和表扬为主，杜绝打击学生自信心的恶意评价。学生学习得到正反馈，会激发学习的动力，成绩优异的学生会更加珍惜学习带来的成就感，而成绩相对较差的学生会发愤图强，将评价转化为前进的动力。

评价环节包括教师对学生群体及个体做出及时、更为正式的评价，既可以包括学生群体的评价（即小组内、小组间的评价），也可以包括来自智能学习环境的数据统计与分析的评价。

智慧教学的评价采用人机协同的模式，先是针对学生的学习情况及成绩，系统构建出评价指标，集成大数据，在横向比较的同时也要注重纵向比较，挖掘教育的客观规律；教师得到数据后做出个性化评价，针对不同学生拟定不同的评价标准，在测评学生成绩的同时也要注重学生心理，不可以打消学生的积极性。

教育从来不只是学校教育，家庭教育才是学生发展和学习的基石。家庭教育非常重要，直接影响学生三观的形成。所以学校的评价要如实反馈给家长，教师和家长要及时沟通，双方共同对学生的教育做出适度评价，这样才能让学生最真实的一面反映出来。家长和教师要观点一致，携手鼓励学生，为学生共同构筑良好的成长环境。

三、智慧教学的框架设计

智慧教学的核心是智慧、基础是创新。开展智慧教学，首先需要创新思想

观念，教师要勇于解放思想，按照智慧教学的框架，从教学环境、教学目标、教学活动、教学方法、教学资源、教学考核、教学管理七个方面入手进行探索和改变。智慧教学的理论框架如表6-1所列。

表6-1　智慧教学的理论框架

构成要素	创新要求
教学环境	轻松、愉悦、安全
教学目标	知识、能力、素养
教学活动	求知、探索、发现
教学方法	翻转、参与、混合
教学资源	课前、课中、课后
教学考核	非标准、创新、共创
教学管理	班级、课程、教学

（一）创造轻松、愉悦、安全的教学环境

开展智慧教学，教师应营造轻松的课堂教学氛围。孔子云："知之者不如好之者，好之者不如乐之者。"兴趣是最好的老师，是人力求认识某种事物或活动的心理倾向，是引起和维持人的注意力的一个重要内部因素。一旦学生的兴趣被激发出来，教学就会取得事半功倍之效。

良好的课堂氛围是指师生之间心理相容、感情融洽和谐，以及师生关系是建立在平等合作基础上的。心理学家认为，积极的情绪（即愉快）能增加学生的学习兴趣，促进学生的思维更加敏捷，从而使学生更容易接受知识，迸发出智慧的火花，焕发出课堂的活力，进而有助于开发智力、陶冶情操、优化教学效果，让学生在愉快中学习。

为了提高教学质量、提升课堂学习效果，教师应创造轻松愉悦的课堂氛围。教师可以通过引入相关的娱乐活动（如暖场游戏和讲授与课程内容相关的故事），为学生创造一种轻松、愉悦的学习环境，让学生获得安全感，从而提高学习效果。教师还可以充分利用非正式组织（如娱乐组、故事组等）的作用，以满足学生社会属性的需求，通过组织不同活动来活跃课堂气氛，同时为学生提供充分展示自己能力的机会。

创造民主、轻松、和谐、浓郁的课堂氛围，是激发学生学习兴趣、焕发课堂活力的前提条件。教师由传授者转化为促进者、由管理者转化为引导者，在这个过程中，教师要摒弃"师道尊严"的旧观念，设身处地地为学生创造轻松良好的学习氛围，营造充满接纳和包容的课堂气氛，形成互教互学的"学习共同体"，尊重学生的学习体验，使学生无拘无束地大胆质疑、发表见解、与教师争论。只有在这样宽松的教学环境中，学生才会以愉快的心情钻研问题、启动思维、驰骋想象。教师创设的教学环境应以激发学生的学习动机、培养学生的学习兴趣为前提，使学生愿意学习、享受学习。

（二）确定包括知识、能力、素养三个层次的教学目标

教学目标是教学活动需要达到的一种状态。对于教学活动而言，知识的传授既是必需的，也是外在的主要形式，能力则是学习相关知识后获取的某种解决问题的手段，知识和能力内化后形成个人素养。因此，知识、能力和素养是教学目标的三个层次，而且三者有明确的递进关系。

1. 知识

《现代汉语词典》（第7版）对"知识"一词的定义为："人们在社会实践中所获得的认识和经验的总和；指学术、文化或学问。"《辞海》（第七版）对"知识"一词的定义是："人类认识的成果或结晶。依反映对象的深刻性，可分为生活常识和科学知识；依反映层次的系统性，可分为经验知识和理论知识。经验知识是知识的初级形态，系统的科学理论是知识的高级形态。"

认知心理学将知识分为陈述性知识和程序性知识两类。陈述性知识是描述客观事物的特点及关系的知识，又称语义性知识或言语信息，包括符号、概念、命题三种形式；程序性知识是关于做事的方法和步骤的知识。其中，程序性知识又可分为两个亚类：一类是操纵外部具体事物的程序性知识，也称"操作性知识"，如测量蚯蚓长度的程序、制作植物标本的程序、解一道算术题的程序、阅读一篇课文的程序等；另一类是调节和控制内部心理操作或知识的程序性知识，也称"元认知知识"，如制订计划的方法、调整算法的策略、检查计算结果的技巧、对任务难度的判断、对自己已经掌握知识的评估等。

就教学目标中的知识而言，一般是基于课程内容而设计的若干个具有内在联系的知识点的集合。这些知识点在学科或课程中是具有典型性和时代性的人类认识成果。教师在教学设计中需要将这些知识进行有机串联，既便于学生理解和认知，又利于课程的连贯性。同时，知识点的可拆分性为智慧教学设计提供了可能，即每个知识点可以设计为一个微课或学习单元，更好地实现教学目的。

2. 能力

教学目标中的"能力"，通常指的是学生在学习过程中应当发展或提升的一系列技能、本领和素质。这些能力不仅限于学科知识的简单掌握，更包括能够运用所学知识解决实际问题的能力，以及适应未来社会和个人发展所需的各种综合能力。具体来说，教学目标中的能力可以包括以下六个方面。

（1）认知能力。其包括观察能力、记忆能力、想象能力、思维能力等。这些能力帮助学生有效地获取信息、处理信息、分析问题并做出判断。例如，在数学学习中，逻辑思维能力是解决复杂问题的关键；在语文学习中，阅读理解和批判性思维能力则能够帮助学生深入理解文本。

（2）操作技能。即学生在特定领域或活动中所需的实际操作能力。操作技能包括实验技能、绘画技能、音乐演奏技能、体育技能等。通过反复练习和实践，学生可以掌握并熟练运用这些技能。

（3）自主学习能力。即学生能够独立设定学习目标、选择学习资源、监控学习过程并评估学习成果的能力。在信息化时代，自主学习能力尤为重要，因为它使学生能够持续不断地更新知识，从而适应快速变化的社会环境。

（4）合作与交流能力。即学生在团队中有效沟通、协作完成任务的能力。这包括倾听他人意见、表达个人观点、协调冲突及共同解决问题的能力。在团队合作中，这些能力有助于提升团队的整体效能。

（5）创新能力。即学生在面对新问题时能够提出新颖、独特的解决方案或创造新产品的能力。创新能力是现代社会对人才的重要要求之一，它要求学生具备批判性思维、想象力和创造力。

（6）问题解决能力。即学生运用所学知识和技能解决实际问题的能力。这包括识别问题、分析问题、制定解决方案并实施解决方案的能力。问题解决能力是衡量学生综合素质的重要指标之一。

3. 素养

教学设计中的素养目标是指学生在接受教育过程中形成的具有稳定性、基础性和生长性的必备品格与关键能力，具体表现为人文素养、科学素养、学习素养、社会素养、创新素养、信息素养等。

（1）人文素养。即人的文化素质与修养，是社会个体在以"人"为中心的各种文化方面所表现出的素质与修养，即其在所拥有的文化基础上形成的先进的价值观及规范。人文素养的灵魂，不是"能力"，而是"以人为对象、以人为中心的精神"，其核心内容是对人类生存意义和价值的关怀。

（2）科学素养。国际上普遍将科学素养概括为三个组成部分，即了解科学知识、了解科学的研究过程和方法、了解科学技术对社会和个人所产生的影响。科学素养主要使人们在遇到一些日常行为或表达时，能够运用科学思维进行合理判断，并做出决策。

（3）学习素养。在这个知识多元化的时代，持续保持学习的状态和能力是必不可少的。迅速掌握一门学科的知识架构和核心概念，是非常重要的素养。

（4）社会素养。它更多是指社会公德，简称"公德"，即存在于社会群体中间的道德，是生活于社会中的人们为了群体的利益而约定俗成的应该做什么和不应该做什么的行为规范。在本质上，社会素养是一个国家、一个民族或一个群体，在历史长河和社会实践活动中积淀下来的道德准则、文化观念和思想传统。

（5）创新素养。它是有着新思维、新能力对过去旧事物所产生出的一种改造升级的修习涵养的过程。创新既是一个社会或国家的灵魂，也是社会经济发展的动力之源。社会进步的不竭动力就是创新，唯有创新才能使社会不断前进。

（6）信息素养。它的本质是全球信息化需要人们具备的一种基本能力。信息素养这一概念是信息产业协会主席保罗·泽考斯基于1974年在美国提出的。它包括文化素养、信息意识和信息技能三个层面。

以上三个教学目标之间存在交叉和结合的关系，是交织在一起的一个整体，只是在教学设计中，教师将它们进行了分类总结。

（三）设计激发学生求知、探索、发现的教学活动

由于学生在课堂上记住的只是他听到内容的10%，而只有去做、去实践，通过学以致用，才能掌握所学知识的67%。因此，在教学安排上，通过关注学生的注意力曲线，设计师生之间"你来我往"的教学互动，将课上教学和课下实践活动相结合，着重强调"学为所用"，才能提高教学效果。

1. 寓教于乐，趣味横生

寓教于乐，就是教师根据学生的心理特点，围绕课文内容实施愉快教学的一种手段。这种方法的设置，是为了有效教学，从而达到激发学生学习兴趣的目的。例如，物理课上，先放一段精彩的电视节目，之后问学生电视上为什么会出现图像，这样会激发学生的求知欲望，从而提高他们的学习积极性。

2. 提问设疑，激发兴趣

著名教育家苏霍姆林斯基说过："学生对一眼能看到的东西是不感兴趣的，但对藏在后面的奥妙却很感兴趣。"例如，在历史教学中，应从问题入手，善于设疑，从而引导学生思考。讲述秦朝经济文化时，可以提问学生："秦始皇为什么要统一度量衡、货币和文字？"然后让学生带着疑问看书，使学生产生兴趣。教师设疑时，要做到由浅入深、由易到难、循序渐进，逐步引导学生思维，最终使学生产生兴趣。

3. 改进教学方法，培养学习兴趣

心理学相关研究结果表明，人的一切活动都受到需要、动机、兴趣的驱动。学习活动亦是如此，学生只有对学习产生兴趣，自觉地进入学习状态，才能取得较好的成绩。而陈旧的教学模式不能充分地开发学生的潜能，因此，应积极研发能更好地开发学生潜能的新型教学方法。

现代化教学手段是激发学生学习兴趣的有效策略，在各科教学过程中，都可以通过听录音、看录像等手段来培养学生的学习兴趣。教师可以通过电教媒体及各种实验演示等，培养学生的学习兴趣，达到良好的教学效果。

在师生互动中，还可以及时发现学生在实际应用中存在的不足，促使他们不断提升和完善；师生之间的共同创造，不仅会产生更多的新思维、新创意和新项目，而且会产生更多的新方法、新思路，真正实现教学相长、共同

提高。

（四）采用翻转、参与、混合等多种教学方法

在教学手段上采用参与、互动、共创等方法，做好师生的角色定位。教师只是课堂的组织者、协助者和引导者，以及教学活动的设计者，教学组织须以学生的需求为主，旨在激发学生的潜能，培养学生的创新精神，教师对每个教学环节进行精心设计，以带动学生高效参与；学生是课堂的主体，既是教学活动的实施者和参与者，也是教学效果的决定者。在清楚角色定位的基础上，采用翻转、参与、混合等多种教学方法，可以充分发挥学生学习的主观能动性，提高课堂的教学效果，充分体现课程的创新性。

（五）配置丰富的课前、课中、课后教学资源

良好的教育离不开优质的教学资源。智慧课堂打破了传统课堂模式，将线下授课转化为线上授课，合理地将教学资源做到最大限度地利用。

这些教学资源包括课前、课中和课后三部分资源，并涵盖了与教学有关的其他资源。课前和课后的资源主要提供给学生使用，课中资源则服务于课堂教学。课前教学资源主要有预习指导书，学习需要的课件、图片、视频、案例、网络课程、预习检测题、参考资料网址等，以便于教师根据学生在预习过程中反馈的疑问和预习测试结果的数据进行学情分析；课中教学资源包括教师根据学情分析有的放矢地设计课堂互动的教学模式和课堂教学实施方案，以及课堂学习的测试内容、课堂精讲点评总结的课件等；课后教学资源主要有课后任务和指导书，课后任务的形式可以是主题调研、综合案例研究、课外实验、综合作业题、综合任务项目等。

（六）共创非标准、创新、共创的教学考核方式

采用智慧教学法时，课程的教学考核可以采用反思日志、创新思考、项目论证等非标准的考核形式进行。这样可以让学生对所学知识有深刻的印象，还能将所学知识运用于生活中，从而真正做到学为所用，提高学生的综合素质，增强课程的挑战性。

（七）从班级、课程、教学三个教学管理维度加强管理

教学过程中，通过将学生进行平行分组，让学生在课堂上扮演不同的角色来提高学生的课堂参与度，增强学生对课程的投入程度，使学习效果得以提升。从班级管理的角度来看，可以把学生分成助教组、纪律组、后勤组、反馈组、娱乐组、学习组等，每组负责不同的管理工作。从课程管理的角度来看，为突出以学生为主体的教学理念，可以将学生分成创意组、故事组、回顾组、新闻组、习题组等不同的小组，赋予学生不同的角色定位；在教学管理上，可以按照团队的形式开展，6～7人为一个团队，各团队成员要按照项目运作的要求进行分工，大家各负其责，共同在学习过程中进行讨论研究，相互协作、不断进步。所以，通过赋予学生主体角色，培养其主人翁的意识；让学生参与教学管理，可以增强学生的归属感，改进教与学的关系，增进师生感情。

第三节　智慧教学的教学设计实现

一、教学设计的切入点

教学设计是一种创新行为，创新是教学设计的灵魂。教学者必须富有创新意识，不断地提高创新能力。教学设计要针对班级学生的实际情况加以制定，而各班之间、学生之间都或多或少地存在差异，从这一层面来说，教师的教学设计应有一定的创新成分。

那么，作为新教师应如何实现教学设计的创新呢？

（一）突破原有思维定式和传统观念的束缚

在教学活动中，我们的大脑每时每刻都会接收到潮水般涌来的信息，其中有各类教学情景、思想观念、需要解决的问题等。大脑在处理这些信息（包括筛选信息、分析问题、做出决策等）时，我们并非总能静坐下来逐一深思，往往自觉或不自觉地沿着以前的思维习惯、熟悉的思维方向和路径进行思考，而不另辟路径。

这种思维习惯、熟悉的思维方向和路径就是一个人特有的思维定式。这种思维定式对我们解决问题有时有利，有时可能成为障碍，即对思维有着一定的束缚。而当遇到新情况、新问题时，需要用新方法和新措施应对，需要运用创新思维。从创新的角度来看，应尽量弱化，或者突破思维定式，不断提出新的思想、对策和方法，才能应对各种突如其来的新问题。小学教育的对象是天真活泼的小学生，这就更加需要教师突破成人的思维定式，站在小学生的视角去发现、分析和解决问题。在组织教学时，应当充分体现童趣，提倡"蹲下来"，走进小学生的纯真世界，融入他们的童趣生活。只有充分了解他们的内心世界，才能有的放矢，实现教学的最优化。例如，当语文老师在教学《乐山大佛》一文时，为了让学生体会乐山大佛的"大"，可以先让学生自己阅读课文，再根据课文中介绍的内容，自己画出能体现乐山大佛"大"的图画。许多学生想到了画乐山大佛与附近的亭子、栈道和游客等，将乐山大佛与参照物进行对比，从而自然体现出乐山大佛的"大"。运用具体的形象思维来理解这一问题，比简单地读、说所发挥的作用要大得多。

（二）拓展创新思维视角

所谓创新思维视角，就是用不寻常的视角观察事物，使事物显示出不寻常的性质。学会从多角度观察同一事物，尽量多地增加头脑的思维视角，就会增加更多的教学设计创意。

众所周知，设计一旦被某种模式束缚，就不容易发挥创造力。例如，教师在教学四年级语文课文《田忌赛马》时，让学生按照所给句式"孙膑，我真佩服你，我要向你学习，遇事要……"进行说话练习。从表面上看，教师给学生自由发挥的空间似乎较大，但实际上，通过前面课文的学习与总结，学生已经能够概括出孙膑的优秀品质，显然这对学生思维的拓展没有多大帮助。不如将说话练习的题目改成"孙膑，我真佩服你，_____。"学生既可以从孙膑入手，也可以从齐威王入手，还可以从田忌入手，谈谈自己的体会，这样表达出来的语言才会生动和丰富。正所谓，不同的教学视角呈现出不同的教学效果。

创新视角是多种多样的，教师要根据自己的经验不断地总结出新的思维视角。而且教师要有足够的知识储备，这样进行教学设计的时候才能游刃有余。例如，一名教师在开展了解家乡的活动前，做了大量的收集和调查工作，对以往的教学设计逐一进行筛选，集各家所长，根据自己班的特色，最后决定以设计"松江一日游"的路线图为切入点，让学生自己设计旅游路线图，并安排参观的景点、时间及所乘的交通工具，最后以评选"十佳导游员"活动的反馈作为评价方式。这个活动将学习的主动性充分地归还给学生，学生通过课前收集资料，在对松江的各个旅游景点做了充分的了解后，选取有代表性的景点作为一日游的内容，并配上解说词向游客介绍。整个教学过程中，不仅培养了学生收集、整合、运用信息的多元化能力，还培养了学生的语言表达能力。对于时间及交通工具的安排，可以体现出学生考虑问题的周密性。独特的创新视角不仅丰富了学生的课外知识，还拓展了学生各方面的能力。

（三）激发创新的潜能

创新要以信心为基石，才能不断开发自己隐藏的创新潜能。每个人都有一座宝藏，那就是创新的潜能。在教学设计中，认真挖掘这座宝藏，肯定会有意想不到的收获。对新教师来说，善于思考是创新的基础，没有思维上的变革就不会产生行动上的创新。新教师年轻而富有朝气，对新事物的接受能力比较强，有挑战传统观念、突破思维束缚的勇气。他们应努力培养自身的创新意识，善于激发自己的创新潜能，从而收获教学成果。

教学活动既需要预先设计，又需要适时设计。无论是预先设计还是适时设计，都需要发挥创新潜能，这需要教师具有创新的勇气、深厚的知识储备和经验积累及熟练的教学设计功底。作为新教师，更需要不断地在实践中摸索、总结，只有量的积累足够多，才能在反思中产生质的飞跃。

二、教学设计的环节明细

（一）内容呈现

内容呈现部分包括内容和教学目标的呈现，课堂教学目标是教师对教学的预判，既是教学的标准，也是学生学习结果的预期，教学实践已证实了教学目标的重要性。教师应给学生提前展示教学目标，学生明确学习目标以便在接下来的预习阶段进行有目的、有重点的学习，学生知道学习的目标也对提高学习新知的兴趣有一定帮助。

（二）预习反馈

捷克教育家夸美纽斯说过："任何后来学习的知识都应以原有的知识作为基础。预习可以为学习新知识扫清障碍。"这足以说明预习的重要性。在预习的过程中，学生对新知识、新内容的学习会产生困惑和疑问；预习过后，学生在上课时会更加清楚自己的不足和困惑。在学生预习的过程中，不仅会对要学的知识产生一定的兴趣，而且可能会事先解决一些问题，这正是探究式学习的过程。

（三）小组讨论

学生通过预习，对学习内容有了一定的了解，对学习的内容和重难点有了一定的把握。在小组讨论的过程中，同学之间互相帮助，交流观点。在这个过程中，不仅可以培养学生合作的精神，还可以照顾到学生之间的个体差异。学生可以提出自己的问题，并且可以通过集体的智慧来解决问题。

（四）分析引导

教学过程中，教师是重要的引导者。从古到今，教师的地位和作用备受关注，在教育史上有"教师中心"和"学生中心"的争论。目前的趋势是由"教师中心"不断向"学生中心"转移，但是教师在教学过程中仍起着至关重要的作用，本书认为单纯的"教师中心"或"学生中心"不准确。教师的引导作用至关重要，所以应当是两个中心同时存在。在小组讨论过后，还需要教师对学生的问题逐一进行讲解，这样才能够达到教师"传道、受业、解惑"的作用。教师起着激励和导向的作用，他们对学生正确的思想观念、知识、能力发展的导向作用更是不容忽视。

（五）合作练习

教师解答完学生的疑问之后，学生以小组为单位进行合作练习，加深对问题的认识和掌握。经过几个阶段的学习和探讨，学生的问题得到了解决、困惑得到了梳理、困难得到了战胜。在这一过程中，学生更容易接受新的观点和想法。

（六）践行超越

教学过程中的知识、能力等都需要学生在实践中应用和锻炼，在生活中切实践行教学过程中所学到的知识也是教学的目标所在。学生能够直面生活中出现的实际问题，并且懂得用智慧的方式解决问题，才是智慧教学所要达到的最终目标。

三、教学设计的系统完善

登录智慧教室教学系统后，在菜单栏顶部显示平台软件的名称、系统时间、当前登录用户及"退出系统"按钮。用户要进行系统的各项操作，必须登录系统；当用户无其他操作时，可以点击"退出系统"按钮来退出系统。系统主界面的右侧是告警实时统计区域，用于实时监测智慧教室现场传输过来的数据。一旦产生告警，则会在相应的条目上更新数据。产生告警时，显示数字变成红色，单击数字或对应图标可导航至相关设备系统。在系统主界面的左侧，有一个下拉列表，在列表中是用户可以对智慧教室教学系统进行的各项操作，下拉列表中包括设备列表、知识管理、学习管理、考试管理、查询统计、学员中心和安全管理七个操作选项。

设备列表中包含视频监控、门禁考勤、环境系统、安防系统、控制系统和音频系统六个子选项；知识管理包含知识地图、知识内容管理和知识推荐三个子选项，其中知识内容管理又包含知识目录管理、知识标签管理和知识导入三个操作选项；学习管理包含课程管理、测验管理、选课管理、学习过程监控和学习结果评定五个子选项；考试管理包含题库管理、试卷管理、考试管理和考试结果四个子选项；查询统计包含个人学习情况分析、课程学习情况分析和考试结果查询统计三个子选项；学员中心包含个人档案、学习中心、考试中心和知识中心四个子选项；安全管理包含部门管理、职位管理、角色管理、用户管理、日志管理和系统维护六个子选项。

智慧教室教学系统的总体设计如图6-2所示。

智慧教室教学系统

安全管理
- 知识中心
- 考试中心
- 学习中心
- 个人档案

学员中心

查询统计
- 考试结果查询统计
- 课程学习情况分析
- 个人学习情况分析

考试管理
- 考试结果
- 考试管理
- 试卷管理
- 题库管理

学习管理
- 学习结果评定
- 学习过程监控
- 选课管理
- 测验管理
- 课程管理

知识管理
- 知识推荐
- 知识内容管理
- 知识地图
  - 知识导入
  - 知识标签管理
  - 知识目录管理

设备列表
- 音频系统
- 控制系统
- 安防系统
- 环境系统
- 门禁考勤
- 视频监控

系统维护
日志管理
用户管理
角色管理
职位管理
部门管理

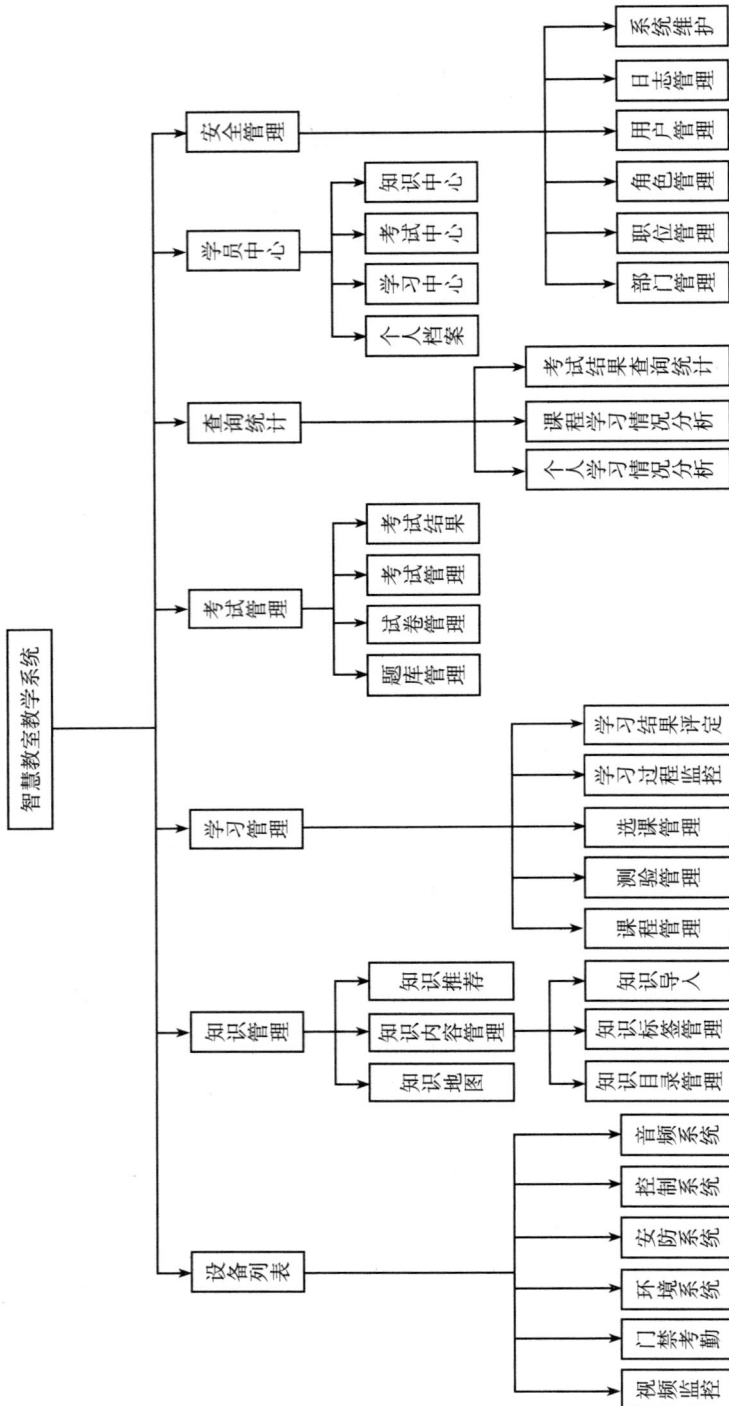

图6-2 智慧教室教学系统总体设计

四、教学设计的技术支持

智慧教室教学系统的建设目的是采用数据采集、智能分析、计算机网络通信和计算机软件等技术，以云计算及物联网为基础，顺应当今公认的IT基础架构的发展趋势，将传统的教学业务流程和智能的IT流程匹配起来，构建以互动教学为核心要素、智慧教室为技术支撑，以信息化、自动化、互动化为特征的智慧教室教学系统。该系统将教学业务拆分为不同的基础构建模块，建立一个用于智慧教室教学的基于B/S架构的网络应用平台。该平台通过与教育云平台的互联互通，实现优质教育资源信息的共享，扩大其应用范围，全面提升教学质量。

智慧教室教学系统是以智慧教室的构建为技术支撑的，关键是将智慧教室内繁杂的设备系统进行集中统一管理，从而构建一个与教学业务流程对接良好的设备网络管理层。其硬件平台以光载无线交换机及其分布式无线系统为中心进行构建，主要是将智慧教室内的设备系统加载Wi-Fi模块，并与光载无线交换机组成一个无线局域网接入教学系统。另外，智慧教室针对不便以无线方式接入的设备系统，采用智能接入网关及其分布式有线系统进行布局，组成一个有线局域网接入教学系统，这样的设计保证了在物联网应用的基础上，构建一个功能完善的智慧教室教学系统综合应用平台。

智慧教室教学系统软件设计基于B/S模式开发，采用Spring MVC三层架构及Java，Eclipse，MySQL数据库等技术，软件架构以满足跨平台需求为核心要素，分别按照数据表示层、功能应用层、数据处理层及接口适配层的软件模块配置方式进行设计，不仅有效提升了系统的操作性，还增强了用户的切身体验。该系统各个模块之间的数据共享采用数据与消息总线的标准规约进行通信，从而形成规模可伸缩的松耦合分布式体系，用户对网络和需求的增长不需要重新构建系统。由于该系统是提供给学校师生等多级用户使用的，所以优化系统事务响应时间、成功率及CPU和内存的占用率成为保障该系统多用户登录使用情况下的负载均衡及故障接管的关键。通过构建"Linux-Nginx-Tomcat"分布式集群服务器，使用LVS做负载平衡和双机热备，提升系统事务响应时间、成功率，降低CPU和内存的占用率。通过上述设计，满足了智慧教室教学系统的性能需求和功能需求，并且经过实际的测试验证了该系统具有较高的实用价值和可扩展性。

第七章　智慧教学的教学实施

　　智慧教学的实施过程是决定智慧教学有效与否的关键。智慧教学的实施应当本着"以学生为主角，教师为配角"的教育理念，即发挥学生的主体作用，教师主要负责积极引导。作为智慧教学的两大重要主体，教师与学生的密切合作对提升智慧教学的效果起到了至关重要的作用。智慧教学不仅是传授范式向智慧学习范式转型的教学革命，也是当代社会人才培养的内在要求。通过进一步的分析发现，实施智慧教学的难点在于智慧学习范式尚未在教学过程中得到真正的落实。因此，教学双方及教学服务相关者共同践行智慧学习范式，才是推进智慧教学和提升智慧教学效果的关键。本章针对教师与学生这两大主体，讨论如何有效实施智慧教学以取得最佳效果。

第一节　教师的进入

　　随着信息技术的不断发展，智慧教育应运而生。智慧教育对教师的专业发展提出了新要求，理念创新、新技术运用和课堂引导力等技能成为智慧型教师的核心要素。素质教育理念伴随着新课程改革的发展不断深入人心，更在极大程度上改变了教师的教学思想与理念，使当前的大部分课堂都充满了浓厚的学习气氛。传统教育模式中的陈旧教育理念已经跟不上当今社会的发展趋势，还会阻碍学生的发展，以至于陈旧教育理念已被大多数教师所抛弃，但是仍有一小部分教师没有主动地学习先进的教育思想，仍然将"灌输式"的教学策略落实在课堂当中，没有认清智慧教学的实施价值。这种"灌输式"的教学策略与新时代的教育理念互相背离，长此以往将造成严重的后果，不仅阻碍学生的进步，而且教师的执教水平也无法得到提升。

　　基于此，作为新时代智慧教学模式下的教师，要不断学习、不断创新，应当深入学习新课改背景下的优质教育理念，思考并践行新颖教育理念的实施策略，以积极主动的学习态度将自身打造成一名有教学智慧的教师，从而以自身的教学智慧，紧跟时代的发展，利用优质的信息化教学资源将有效的教学策略落实到课堂实践当中，激发学生的主观能动性，促进智慧教学在学校中顺利开展和实施。这一过程不仅授予学生知识，还能够让学生获得进步与成长，使学校的课堂教学质量得到充分提升。

开展教学双方的智慧课堂对话，既是教学方式的转变，更是学生智慧理念形成的基础。在此背景下，教师应当做出一定的改变，其角色、任务等都发生了变化，即由主体作用变为导向、引导作用。教师是智慧学习范式的先行者、推动者和引导者，而推进智慧教学首先需要引导者做出一定的改变，这要求教师从职业品格、教学理念、教学能力等方面发展教育智慧，成为智慧型教师。因此，教师应与时俱进，紧跟时代发展。

首先，应加强师德师风方面的建设，提升教师的道德智慧，培养教师树立正确的教育信仰，使其具有更好的人文关怀。"师也者，教之以事而喻诸德者也。"师德是教师践行智慧学习范式的前提。教师既要有"为天地立心，为生民立命，为往圣继绝学，为万世开太平"的志向，又要具备新时代的"四有"品格，善于发掘课程中蕴含的思政元素和社会主义核心价值观，从而培养学生的健康身心和高尚人格，实现"立德树人"的核心培养目标。此外，还需推动教师回归教育本质与初心，摆脱对技术主义和工具主义的过度依赖，把主要精力投入到智慧教学活动中，创新智慧教学的实施方式，关心学生学习，关注学生成长。

其次，应转变教师教学思维，教师从课堂的"主角"变为"配角"，由课堂的权威主导者向学生的积极引导者转变，课堂以学生为中心，使学生成为智慧教学的主体和智慧学习的主人。

最后，应促进教师发展终身学习的能力、协作能力和协同创新能力。信息化时代是一个知识爆炸的时代，大大缩短了知识更新的周期，新知识呈几何级数增长，教师只有具备持续学习的动力和终身学习的能力，才能跟上知识更新的速度和社会发展的步伐，才能对学生的学习进行有效的示范与指导，激发学生的好奇心与想象力，解决更多更新的学习问题。通过政策激励、教育投入及信息化建设，助推教师构建智慧教学共同体，深化教师专业化分工和协同教学，鼓励教师之间交流与分享各自的教育理念、教学经验和教学反思，更好地满足学生的个性化需求。引导教师之间共享共建课程教育资源，支持教师与教学技术人员开展学习技术攻关和协同创新。

加大智慧教学的操作培训力度，提升教师的数据素养、人工智能识别及人机融合能力，使教师能把主要精力和时间用来精准指导与引领学生进入智慧学习空间。同时，开展教师教学的常态化培训，使教师熟练掌握混合学习、情境化学习、合作学习、研讨学习、个性化学习等教学方法；发展教师的教学个性，引导教师创设独特的教学情境，呈现个性化教学魅力，使学生在情境体验中发展创造性思维、系统性思维和辩证性思维。

在智慧教育模式下，教师可以向平台推送丰富的学习资源。本节将从教师的课前准备、课堂讲解、课堂指导、课后评价及提升技巧五个环节来阐述教师的教学实施。

一、教师的课前准备

教师课前准备的充分程度直接影响智慧课堂的效率，这是智慧教学开展的前提条件。教师准备得越充分，课堂效果可能就越好。在有限的学时内，若教师追求知识面的全面覆盖，则会疏忽对知识点的深化，使课程教学流于表面，难以有效培养学生的能力和素质，学生的学习兴趣也会逐渐淡化，很难取得良好的教学效果。若想持续保持学习兴趣，日常学习环节很重要，而日常学习的主要参考资料是教师课件（PPT），因此，PPT制作环节至关重要，学生课后可以自行学习PPT的制作，查缺补漏，教师不仅要确保知识点的全面性，还要注重通过知识的传授过程培养学生的能力与素质。

首先，教师通过查阅资料等方式进行PPT的制作并不断修改完善PPT，要使PPT能够紧扣课堂主题，能够调动学生积极性，可在PPT中巧妙地插入学生感兴趣的动画，并进行充分的演练，以加强对PPT的熟练程度，从而提高课堂效率。然而，目前教师的PPT制作环节有着很大的问题，现实中，不少教师因为不会制作或嫌麻烦不想制作PPT而去网络上直接下载，这样的PPT是没有针对性和创新性的，严重影响了教学效果。这是对学生不负责的表现，PPT的效果呈现与学生的积极性直接相关，教师应当不断学习，提高PPT制作能力。

其次，进行机器设备的检查，避免设备硬件出现问题，为智慧课堂的顺利开展提供保障。教师应提前学习使用当堂课所需平台功能，如签到、抢答功能的具体操作方法，而且要不断加强这些功能的运用能力，并深入挖掘智慧平台强大的功能，将其充分运用到教育教学活动中，丰富智慧课堂的内容。

最后，在做好上述准备后，教师要在课前将各种预习资料上传到平台上，及时发布公告通知学生进行预习，并预留给学生足够的预习时间。预习资料包括以下几种：预习PPT、课前任务、当堂任务、需要准备的设备（如电脑、提前下载软件等）等。学生将课前任务完成后再传回平台，并且对设备的准备情况、对课堂任务的理解情况都要上传回平台。充足的课前准备能够节省大量的课堂时间。一段时间后，教师可以通过平台后台查询学生具体的课前准备情况。通过学生预习的统计数据及提出的疑问，教师可以做到心中有数，对没有充分准备的学生，应及时提醒其按时完成预习任务，对于不积极的学生，可采取"扣积分"的方式，强力督促其按时完成任务。综上所述，教师的课前准备主要分为三个方面：① 发布下节课的课件及视频等；② 相关设备的检查；③ 发布课前学习任务。

二、课堂讲解

通过创设情境体验点，激发学生的主体性，从而实现寓道于教、寓德于教、寓教于乐。情境是社会背景、文化特征、交往群体等各种因素的总和，反映主体所处的社会环境，旨在阐释主体的社会身份。情境体验，即为学生创造一种轻松愉悦的学习环境，赋予学生特定的社会角色，增强学生的主观感受，促进情感交互的创造，确保学生行为被有目的地关注、支持及制约，促进学生建构学习理性和智慧理性。新一代信息技术打破了情境教学的时空限制，使情境教学从课堂延伸到课外、从线上延伸到线下、从校内延伸到校外，学生之间能够随时随地参与情境互动，教师能够随时随地精准指导。

创设情境体验点需要注意以下三个方面。一是情境课题应呈现多样化特点，知识、生活、问题和游戏皆可以作为场景，但要围绕课程的智慧点目标，瞄准学生需求，这样才能引导学生参与情境体验，达到预期效果。二是情境创设要善于利用新一代信息技术，营造积极健康的学习氛围。例如，手机签到、抢答、投票、摇一摇选人、发送弹幕等互动方式，在活跃课堂气氛的同时，还要淡化娱乐色彩，引导学生关注情境背后的智慧价值。三是情境创设在于激发学生的自主发现精神与合作探究的动机、兴趣和好奇心。

对于教师来说，教学重心不仅仅在于"传道、受业、解惑"，更需要激发学生的好奇心与想象力，培养学生具有创造力的批判性思维。因此，在智慧教学的讲授过程中要体现学生的主体性地位。授课开始前，教师可以利用应用平台安排学生签到，而不再像传统的教育模式那样，通过点名的方式来考察学生的出勤情况。例如，大学那种一两百人的大课，点名可能占用很大一部分课堂时间，而通过平台签到方式，可以做到数据准确且节约时间。

教师进行课前提问，应用平台随机抽取学生，对上节课的知识点进行回顾，掌握学生的上课情况。教师可以依据上节课学生的掌握情况把握本节课的上课进度，然后向学生展示本节课主要的教学目标，并着重强调重点目标，再根据大纲要求讲解每个知识点。教师在讲解知识点的过程中随时穿插提问和考核，提问过程中，每名学生都可将自己的想法上传到平台，平台会自动给予一定的分数；学生也可以采取抢答的方式与老师连麦回答问题，并进行讨论，这样学生可以获得更高的学习积分，从而调动学生的积极性，提高学生的参与热情。

教师还可以通过积分了解学生对问题的掌握程度，把握学生的听课状况，从而控制进度。首先，教师根据学生回答问题的效果及预习反馈的结果进行分析，分析学生哪方面的知识存在问题，进而进行疑难问题及重点问题的解析。其次，结合学生的掌握情况适当补充课堂内容，确保学生能够跟上课堂进度，高效地理解课堂内容。最后，课程结束后，教师可以通过平台后台查询到本节课所有的数据，根据这些数据可以了解学生对本节课内容的掌握情况，然后有针对性地布置课后作业，通过加强练习来巩固所学内容，提升学习效果。

三、课堂指导

课堂指导既是最能体现教师导向作用的环节，也是智慧教学的特色所在。智慧教学虽然是信息化教学的一种方式，但是并不代表可以缺少学生的课堂参与。所以，无论以什么样的方式开展智慧课堂教学活动，教师都必须把握学生的课堂参与度，引导学生共同参与，调动学生的积极性，激发学生的参与热情。因此，学习小组的建立对智慧课堂的有效开展起到至关重要的作用。

在组织课堂讨论之前，教师要做充分细致的准备，不仅要对课堂讨论流程有一个总体的设计，把握讨论教学的所有环节，还要在给出讨论题目之后，向学生布置与讨论内容相关的阅读任务，指导学生借助图书馆，或者网络查找、阅读相关文献和其他资料等途径了解相关知识，从而使学生在课堂讨论中有一定的知识铺垫和理论基础。课堂中，教师完成知识点的讲授后，应根据本节课的学习内容组建学习小组，确保每节课学习小组的建立都是随机的，应用智慧平台进行随机组合，不分帮结派，有助于学生团结，并采用小组讨论和交流、头脑风暴法等方式来激发学生进行自主探究学习的热情。小组讨论和交流的结果通过制作PPT的方式呈现，教师随机抽取小组进行PPT讲解，并分享心得。

由于课堂时间有限，未分享的小组课后录制视频上传到平台，教师和同学对其进行点评，学生采取匿名打分法，并依据小组分工给出相应的分数。不同的主题进行小组展示的时间也不同。这种建立学习小组的方式能够有效把握学生的实际学习能力，以追求学生的智慧发展为目标，设计合理的讨论主题于课堂实践当中，在注重适度原则的基础上真正激发学生探究问题的兴趣，提升学生发现问题、分析问题及解决问题的能力，促进学生的团队合作能力，培养学生的团体意识，让学生在学会理论知识的同时获取实践技能，这对于他们未来步入社会后的全面发展具有极其重要的促进作用。

一般而言，教师主要从两个方面分析讨论情况，评价讨论效果。第一，分析学生上交的讨论记录和讨论作业，以此评估学生在本次讨论中对相关知识点的掌握程度，按照评分标准给出相应分值，结合指导老师的评价给出学生讨论课成绩，并以此衡量讨论题目的可行性和实效性。第二，对讨论课的内容及形式进行调查分析，调查内容分为讨论内容、讨论方法、讨论组织等。从调查结果来看，学生对讨论内容最满意的是兴趣类，其次是专业对接类，对讨论课堂的组织形式基本满意；同时，学生提出了意见和建议，普遍觉得讨论课时间有点短，次数偏少，应多派指导教师参与等。

四、课后评价

课后的及时巩固有助于教学效果的提升。课后教师应及时发布本次课的作业，并及时通知学生在规定时间完成。作业是对课堂知识的巩固，教师应随时查看学生的完成情况，督促个别学生及时提交。其中，客观题可通过平台自动批改，主观题由教师给分，最终将课堂成绩与课后作业成绩进行汇总，深入分析存在的问题。实施智慧教学的关键在于促进教学双方智慧的共同成长，这个过程要求探寻教学双方对自身存在及实践的终极意义。发展性评价是一种以学生为中心的春风化雨式的对话，是着眼于教学双方的智慧发展，因此，构建发展性评价点是实施智慧教学的过程向度。

具体而言，一是构建以过程性评价为主的评价指标，如作业、测验、案例撰写、发言、提问、发帖、话题讨论、学习笔记、情境设计、课外研讨、学习时间投入、预习任务点、出勤率等都可以作为学生学习的评价指标。学生对这些指标的形成和评价方法具有充分的话语权，能够产生自我实施的激励。二是构建差异化评价方式。关注个体差异，利用智慧教学平台数据对学生进行个性化评价，采取自评、学生互评和教师点评相结合的方式。因为个体的学习能力存在差异，自评在于提高自我认知，互评在于相互促进，以增强学生的参与感和获得感。对于教师来说，从学习目标、学习任务和能力培养等方面评价学生的完成情况，旨在启发学生形成健康和积极向上的学习态度，努力做到因材施教。而学生能够评价教师的教学活动，表达个性化需求，以便教师更好地组织和改进教学。教学双方的评价是和谐的，这种机制能够确保教学双方信息的及时反馈与有效调整。评价结果在网上公开，使学生从评价中取长补短，发现学习、生活及生产实践的意义和价值。三是构建多样化评价激励机制。根据评价指标的完成情况，实施个人和小组间的"锦标赛"形式，奖励形式有流动红旗、平时成绩等。这种评价机制与传统的教育评价模式不同，智慧教学体系下的评价方式不仅充分尊重学生的主体地位，而且能够提高智慧教学工具的应用效率。

智慧教学不仅具有传达知识的属性，更承载着启迪智慧的责任和使命。它是一种通过知识引导人的智慧成长的艺术，是人对人智慧的引导、激发和唤醒。在组织教学时，恰恰需要教师的智慧。教师的作用不仅限于引导学生学习知识，更应当关注学生心理方面的建设，培养学生发现问题、分析问题、解决问题的思路。利用后台的学生学习数据来分析学生的学习品质和心理状态，及早发现学生的心理问题并及时给予干预。根据学生的网上发言，积极引导学生认识并遵守网络规范和公共道德，坚定"四个自信"，树立社会主义核心价值观。

五、提升技巧

教知识则眼中唯有知识，教能力则眼中唯有能力，只见其一、不见其余，这是不行的。教师亟须探索并实施一种智慧启迪的教学方式，旨在激活课堂，从而使教学充满生机与活力。缺少了"出格"思想碰撞的课堂，是沉闷的，没有生气的；真正的智慧课堂，不应是教师的一味灌输，更非精心设计"陷阱"让学生按部就班地跳入，这样的课堂并没有在真正意义上激活学生的思维，点燃他们探索未知、质疑权威的热情。

（一）预设问题要"粗"一些

在设计自学提纲时，要留给学生自己提问的机会，如果教师预设的问题太多、太细，就会束缚学生的个性化探究。若教师预设的问题全面覆盖了学生可能自发产生的疑问，则会导致学生自己无题可问、无疑可问。另外，学生在有限的时间内解决老师预设的问题尚且很紧张，哪里有时间提出属于自己的问题？这势必会造成学生个性思维的闭塞，间接剥夺了他们自由思考的机会和权利。因此，应当倡导教学预设时在把握大方向的前提下，不妨将问题设计得"粗"一些，课上得"糙"一些，留出足够的时间与空间，让学生自由发挥。

（二）预设的问题要有激发性

教师预设的问题需要激发学生的参与积极性。若老师抛出一个问题，学生不仅能各抒己见，发表自己的看法，而且答案多元，说明问题设置得科学合理。即使有些同学的问题答案不符合预期或是错误的，也是课堂效果好的表现，不能仅仅满足于个别学生说出正确答案。激发学生热情的意义远远大于一个正确答案的价值。

（三）教师要适当适时地"示弱""示错"

现在的教师，尤其是工作多年的老教师，容易自觉或不自觉地在言行中流露出对问题理解或阐释的权威感，其权威形象渐渐让学生形成"老师总是会的""老师总是对的"这样的心理定式。从某种意义上说，这不是坏事，因为信其师是信其道的前提。然而，信任老师很像一把双刃剑，学生会渐渐地由最初的没有质疑发展到有疑问而不敢质疑，最终变得不想质疑。这就需要教师在预设时适时适当地"示弱""示错"，让学生在老师的"弱"或"错"中找到表现自己的契机，进而收获成功的快乐。科研与教学难舍难分，在教中研，在研后教，于是便有了智慧的教师，进而才有了智慧的课堂教学，也才有了真正能给学生带来"渔"的课堂。

总而言之，新课程改革发展以来的教育理念是每名教师必须去深入研究学习的，这是当代教师必须做出的行动。而智慧教学的实施策略不仅要符合新课程改革背景下的教育理念，还要根据具体的教学对象而定。智慧教育模式下，教师的主要作用包括以下三个方面：一是赋予学生更多的学习自主权，通过开展形式多样的学习活动，引导学生养成智慧学习的内在规范意识；二是加强三维目标中情感、态度和价值观维度的渗透与培养，将其融入智慧课堂的教学内容、情境及活动之中，以此锤炼学生的学习意志，促进学生形成学习自觉；三是向学生及时反馈学习状态、学习评价等可视化分析结果，辅助学生进行科学决策，增强决策能力，等等。

教师肩负着重大的责任，他们不仅需要传授知识，而且需要尽自己最大努力去提升学生的综合素质，实现学生的全面进步与成长。教书育人是教师的根本任务，智慧教学更加强调"育人"方面。学习知识首先要学会做人，而想要"育人"首先自己本身要会做人。该教育模式对教师的个人素质提出了更高的要求。总之，教师应当采用适应时代发展的教学方法开展智慧课堂教学实践活动，为学生创建良好的教育环境，使学生在智慧教学模式下受益最大化，使学生在智慧教学策略实施的课堂之下、在未来的社会生活中有良好的发展，为祖国建设培养栋梁之材，为国家发展贡献自己的力量。

第二节　学生的进入

培养高素质且具有创新创业能力的人才是当今高等教育改革的重要主题之一，也是智慧教学的目标之一。智慧教学始终贯彻以人为本的教学理念，即以学生为根本。智慧教学与传统教学模式的根本区别在于教师与学生的主体地位发生了对调，学生成为了智慧课堂的"主角"。作为"主角"，学生自身也要做出一定的改变，不能再像传统教学模式那样，教师只负责传授知识，学生只负责听讲。智慧教学模式对学生提出了更高的要求，学生不仅要学会知识，还要在学习知识的过程中培养学习的自主性、创新性等，从心理、行为等方面都要做出改变。本节将从学生的课前准备、课堂听讲、小组讨论、课后复习四个方面论述智慧教学模式对学生的要求。

一、学生的课前准备

智慧教学模式尤其注重学生的课前准备，虽然传统教学模式也要求学生课前预习、课后复习，但由于传统课堂上教师发挥主导作用，因此不是很重视预习环节，弱化了课前预习的作用。智慧教学模式下，课前要求学生做的准备主要包括：自主预习并查阅资料，完成教师发布的课前任务，记录并反馈问题。

　　智慧课堂上教师与学生的角色发生了转变，但是部分学生传统教育模式在思维中已经根深蒂固，难以适应这种变化，也难以很快地适应智慧课堂的授课节奏，加之一部分学生基础薄弱，跟不上教师的思路，从而缺乏兴趣。而课前预习能够使学生对新课程有一定的了解，提前接触所要学习的知识，这能够让学生从心理上感到踏实，有一定的心理准备，从而更好地学习新课程与适应新节奏。预习能够让学生主动识别出自己理解上的难点与困惑，课上讲到这部分时便会更集中精力。因此，在学生由传统课堂走向智慧课堂的过程中，预习有助于促进学生心理上的转变。

　　学生在课前准备时，应当根据教师发布的内容进行自主预习，主要包括相关资料的查找。智慧教学的一大特点是培养学生的自主性，很多知识的学习是教师只负责引导，主要还是要靠学生自己去学习、去领悟，因此课前预习至关重要。在课前预习过程中，学生能够通过教师上传的PPT等相关学习资料掌握课堂的大致思路，能够在上课前有心理准备，从而在课上及时解决预习过程中发现的问题。教师也会发布课前问题，学生对预习资料充分学习后可以完成此项任务。一般这些题目都是课堂内容的引导性问题，有助于学生对中心问题的理解。完成任务后，学生将答案以文件的形式传到智慧平台上。

　　智慧教学主张培养学生学习的自主性，很多学生由于接受多年的传统教育，很难进行角色转变，同学之间应当相互督促、共同进步，尽快完成角色转变。智慧教学模式下，教师任务繁重，虽然教师能够在后台看到学生的预习情况，但是如果没有完成的学生过多，教师一一提醒会占用大部分时间，因此，学生应当发挥互帮互助精神，互相督促预习任务的完成。预习过程中若有问题，学生应将问题记录下来，然后同学之间先互相讨论、交流见解，若问题还没有解决，则在课上进行反馈，寻求教师的帮助。此外，学生还应做好设备的准备（如带电脑、下载软件等）。很多时候，智慧课堂需要学习、使用很多软件，软件的下载、安装过程烦琐且漫长，如果学生在课上进行软件的下载和安装，那么课堂开展的时间基本上所剩无几。因此，提前安装好软件对于智慧课堂的开展是十分必要的。

　　学生的课前准备是课堂顺利开展的前提条件，学生做好课前准备有助于智慧课堂有效地进行下去。学生还要保持网络稳定，网络也是影响听课效果的重要因素。学生需要准备的事项比较多，但准备得越充分，课堂效果就会越好，充分的准备能为智慧课堂的顺利开展打下良好的基础。

二、学生的课堂听讲

在智慧课堂中，学生是"主角"，教师是"配角"。教师承担着教学专家、课程专家、课程支持者、学习促进者、教练员等多种角色，无论处于哪种角色，教师的主要任务都是引导学生。学校也需要在教育教学实践中广泛促成教师各类"角色"的达成，同时助力教师的专业成长与持续发展。教师利用智慧教学平台，可以一改"满堂灌""填鸭式"的传统教学模式，真正以学生为中心，做到真正地将课堂交还给学生；授课时配合使用PPT，侧重于课程的导入，以激发学生的学习兴趣；主要针对学生在预习时提出的疑问、教学中的重、难点，以及互动过程中暴露出的问题进行有效讲解，真正地做到提高课堂教学效果。

学生在智慧课堂中，需要做的事情主要包括以下四个方面：① 完成签到；② 认真听讲；③ 实时反馈课堂中未听懂的内容；④ 按照要求回答问题，累积课堂积分。上课之前学生要进行考勤，智慧课堂的考勤形式是应用手机等新媒体工具进行签到。教师基于新媒体平台发布签到消息，通常是绘制固定的解锁图案或输入一定的数字。签到时间是有限制的，学生当尽快完成签到。签到完毕后，学生正式进入智慧课堂。在课堂上，教师主要是通过PPT进行重点内容的讲解，学生应注意听讲，积极配合教师。

值得注意的是，在智慧教学模式下，部分学生由于课前预习较充分，以为掌握了课程重点，而在课上不集中注意力；还有部分学生，由于没有与教师面对面上课而失去监管。课堂氛围是课堂的灵魂，况且在智慧课堂上，教师不仅是知识的传授者，更是逻辑思维的引导者。在授课过程中，教师潜移默化地培养学生的逻辑思维能力，以及创新精神与创造能力。培养学生科学的思维方法、养成良好的思维习惯，是学生在课堂中高效学习的关键。这不仅有利于学生对知识的学习，对他们今后步入社会也起到一定的积极作用。学生如果长时间失去监管，将成为教育改革的牺牲者，因此，学生应调整心态，认真听讲。在教师讲课的过程中，也会穿插一些提问和考核，学生应当积极配合教师，通过智慧平台进行主动抢答并回答问题。回答问题还会得到相应的学习积分，最终课程成绩将与积分直接挂钩。

学生在课堂上的积极性对教师的上课热情也有一定的促进作用，若学生都积极主动地思考、回答问题，教师也会充满激情与信心，更有助于课堂效果的提升。在智慧课堂中，对于学生的听课效果来说，一方面，智慧课堂是基于互联网的一种教学模式，比传统课堂更具诱惑力，更容易激起学生兴趣；另一方面，教师不能与学生真正的面对面，一些自制力差的学生会因管不住自己而溜号儿。学生最应该改变的就是心态，对于智慧教学来说，最重要的就是学生的自制力，学生一定要培养自己的定力，调整心态，认清学习的目的，成为智慧课堂上最大的受益者。在听讲过程中，学生要及时反馈不懂的问题。知识之间都是具有关联性的，一个问题不懂很可能会影响对下一个问题的理解，因此，学生对于有困惑的问题应当及时提出、及时解决，以免影响对其他问题的理解。

教师的讲解任务完成后，学生还要做到及时反馈，学生的反馈对教师下一堂课的进度有很大的影响。若多数学生反映听不懂或跟不上教师的节奏，则可能是进度过快导致的。教师可以根据学生的反馈情况进行多角度、全方位的调整。教师的讲解环节也为学生进行小组讨论做了铺垫。

三、小组讨论

小组讨论是以学生为中心、教师为载体，使学生通过推理分析来反复运用已学知识，从而达到锻炼学生的自学能力、推理能力、表达能力、运用所学知识解决问题能力的目的。以学生为中心的教育理念已经成为现代大学教育理念的主流，小组讨论是针对同一知识点，不同学生进行反复阐述，能使学生通过多次运用原有知识来获得和使用新知识。所以，实行小组讨论教学法不仅能够提高学生获得新知识、独立思考问题、分析解决问题、理论联系实际等能力，而且是检查和衡量教学质量的重要途径。小组讨论不仅是智慧教学模式的特色所在，而且是智慧教学的"精髓"。小组讨论在智慧教学中的重要性和意义体现在以下三个方面。一是建构知识。一方面掌握学科核心知识，形成抽象的知识脉络，达到运用自如的正向建构；另一方面对于学科知识体系进行深度剖析、评价和创造，以思维活动为核心实现反向建构。二是提炼范式。其体现为面对学科问题的学科态度与学科精神，形成分析问题的学科逻辑思维模式，凝练处理问题的学科方法和思维路径。三是融合创新。其具有跨学科的意识与能力，能够将不同学科的知识、方法、思想、模式等进行优势互补，从而创造性地解决问题。

小组讨论也是最能体现学生主体地位的环节。教师讲课环节完毕后，应用智慧平台进行随机的小组组建，然后教师给出一定的主题，学生围绕主题进行小组讨论，讨论的方向可以是多样化的。此环节有利于培养学生的发散思维与创造性思维逻辑。讨论结果最终以PPT的形式呈现，依据不同的主题，小组展示的时间也不同，但一般每组展示时间控制在十分钟左右。来不及展示的小组可以课后录制视频，并标记好人员分工。学生之间进行匿名打分，教师则依照一定的原则给予一定的分数。每节课还要评出最具创新奖与最佳进步奖。讨论课堂的课时安排依据讨论内容而定，基本知识、基本理论类和专业对接类主要安排在上课期间进行，时间因内容而定，一般不超过一节课的时间，课堂讨论学时不超过总学时的三分之一；趣味类讨论利用网络课程讨论空间进行，与课堂讨论相比气氛更活跃、时间更灵活、言论更丰富有趣，从而更加受到学生欢迎。

小组讨论环节不单是为了让学生对知识进行回顾，更多的是培养学生其他方面的技能。在智慧课堂中，应当培育学生的智慧。一是提供给学生丰富的学科问题域，引导学生开展协作学习、探究学习、入境学习等，鼓励学生创新性地自主学习知识、发现规律、归纳原理，创造性地生成新的知识；二是利用思维导图、概念图等工具组织教学内容，鼓励学生利用其进行阶段性的归纳、整合、总结，形成学科的逻辑思维模式；三是基于学科整合的视角，围绕跨学科专题进行交叉知识学习、情境再造、方法创新、问题解决，探索跨学科教学的创新结构模式。

四、课后复习

孔子曰："温故而知新。"德国哲学家狄慈根也说过类似的话："重复是学习之母。"这些名人名言都在告诉我们，在学习过程中，巩固知识的最好方法就是复习。在智慧课堂模式下，课后复习环节是基于教师课后评价的一种学习方法，课后复习也是对知识的巩固与提高。人是有遗忘曲线的，随着时间的推移，人们会遗忘一部分知识，因此，对于学生来说，复习环节至关重要。1885年，德国心理学家艾宾浩斯通过实验发现：刚记住的材料一小时后只记住约44%，一天后还能记住33%，两天过后就只剩下28%了。这一发现揭示了记忆与遗忘的规律：遗忘呈现先快后慢的趋势，即识记以后，最初遗忘得较快，而以后便渐渐地慢起来。知识的保持决定于学习本身及学习后持续的复习过程。因此，只有通过不断学习和复习，才能保持和防止有用的知识被遗忘。根据艾宾浩斯的遗忘规律，通过有目的地引导，可以使学生意识到当天学习的知识要当天复习，并且在以后几天的时间里也要有选择地复习。

良好的课后复习习惯，不仅能对学生当前的学习过程及长远发展具有积极的影响，还能为其步入社会奠定坚实的基础，学生应当意识到课后复习的重要性。智慧教学的复习环节主要包括两个方面的内容：一方面是课后作业的完成；另一方面是查缺补漏。智慧教学是非常有利于学生进行课后复习的教学模式，教师在每节课课后会发布当堂课的习题，学生通过智慧平台进行查阅，将课后习题做好后再通过智慧平台上传。其中，客观题由系统自动评判，教师做好解析并上传到平台上；主观题则由教师及时批改，批改结束后，系统自动计算总分，学生通过提醒功能及时查看结果。客观题可以直接参考系统提供的解析，主观题可以通过平台上的PPT等教学资源进行再次学习和巩固。教师会将与课程相关的内容上传到智慧平台，学生可以随时随地进行查看，既打破传统课堂的局限性，也方便课后复习。

学生进行课后复习总结的过程中，能够及时发现自身存在的不足之处，进而了解到自身的实际水平，经过不断地查缺补漏，可以熟练掌握相关知识。复习既是对一个知识进行反复学习的过程，也是一种自我反思的过程，更是一种创新的过程。在复习的过程中，学生能够发现问题，从而解决问题。对于总是出错的一类题型要总结出原因，而对于熟练度比较高的题型，在复习的过程中则寻求不同的解题方式，培养创新思维，这就意味着可以从多个角度及多个层面来看待同一个问题。如此一来，就可以达到对相关知识的灵活使用，最终实现对知识体系的优化组合。

对于一些开放性题型，学生不仅需要关注到多种解答方法，还需要关注到解答过程中的比对分析，在比对中复习解题过程中涉及的思维方式和知识技能。学生还应当注意复习的及时性。对于课后复习，必须实时开展，即当天教师讲解了什么内容，在下课以后学生就需要及时对教师所讲知识进行整理和归纳，实现即刻复习。如果复习不及时，那么很难对这一知识点有深刻的印象，而到了想要整理和归纳的时候，就不能像课程刚结束时一样，学生可能需要用很大一部分时间去回忆，将知识点进行衔接，如此一来，学习的效率就会大大降低。

综上所述，在智慧教学模式中，教师与学生都需要做出很多改变。智慧教学的成功与否由教师与学生共同决定，教师与学生在这种教学模式下也是相互促进、共同发展的。教师与学生都应顺应形势，实现角色转变。角色转变对于教师与学生都具有很大的挑战和压力，双方也要从思想上认识到转变角色的必要性。与传统教学相比，在智慧教学模式下，教师将重点放在了教学活动的设计方面，成为了课堂的引导者。小组讨论设计是智慧课堂的主体环节，这就要求教师对知识有更深层次的理解，以保障教学活动的时效性。教师除了要把握好知识点，还要把课件、声音和动画等多种模式结合起来，这是一项重要且富有挑战性的任务。

任课教师的课堂也不再是传统的以教师为主体的教学方式，而是鼓励学生成为教学的主体，学生更要自我管理、自我监督，发挥自身的主观能动性。总之，在这场教育变革中，无论是学生还是教师都能取得进步。

第三节　环境保障

信息化技术为信息化时代的到来奠定了坚实的基础。信息化技术给各行各业都带来了巨大的变革，智慧教学也在这种环境下应运而生。高校通过构建自己的教学平台，促进教育的信息化和智能化，通过信息技术共享院校的信息资源，实现数据互通有无，提高了院校资源的利用效率，避免了资源重复建设带来的浪费。为贯彻落实智慧教学，学校及相关部门应注重环境保障，为院校师生的学习及研究提供有力保障，提高校园管理水平，通过智慧教学为社会培育出更多有用的人才，使教育真正为社会进步做出贡献。保障措施既是智慧教育实施的必要基础，也是智慧教育顺利开展的保障机制。"智慧教育"政策的保障措施，应注重多方协同，根据"智慧教育"的发展需求，加强人、财、物、事等方面的保障。

一、资源开放保障

2015年，教育部发布了《关于加强高等学校在线开放课程建设应用与管理的意见》，提出采取"高校主体、政府支持、社会参与"的方式，集聚优势力量和优质资源，构建具有中国特色在线开放课程体系和公共服务平台。随后，教育部启动2017年国家精品在线开放课程认定工作，并于当年认定本科课程467门，2018年认定801门，其中大部分来自中国大学MOOC平台，其他平台包括学堂在线、智慧树等。同年，教育部推动包括"线上金课、线下金课、线上线下混合金课、虚拟仿真金课和社会实践金课"的五大金课建设。2019年，教育部印发《关于一流本科课程建设的实施意见》，全面实施"双万计划"，明确提出到2021年完成4000门左右国家精品在线开放课程、4000门左右国家级线下一流课程、6000门左右国家级线上线下混合式一流课程、1500门左右国家虚拟仿真实验教学一流课程、1000门左右国家级社会实践一流课程认定工作。可见，我国十分注重教育开放资源的建设。

智慧教学模式下的教育资源是丰富多样的。智慧教育做到了将校内资源进行重组。该模式将现代信息化技术普遍应用于智慧教育的建设与服务中，通过网络将各个学校的运营流转、校内资源、教学服务等各种工作流程和工作计划整合重组，并在智慧教育信息平台上实现了资源共享，使得每个信息资源都能够被充分利用，让教学方式更加智慧化。智慧教育也应当始终处于一个开放的环境中。一般情况下，智慧校园信息平台通过网络技术可以及时、便捷地将信息资源共享给所有需要它的人，每个人都能通过移动终端登录网络信息服务平台，根据自己的需求自主寻找解决问题的方法，建立一个开放式的信息环境。使得信息传递不再受到传统的时间与空间上的局限性，极大地提高信息资源的利用率，避免了资源重复建设带来的信息资源浪费。

各大院校应当本着共同发展、共同进步的理念，以及一切以学生为中心的宗旨，进行资源的共享。各大院校也应向学生普及专门的开放存取资源数据库，但是受限于网络免费学术资源的复杂性与局限性，其内容更新是否及时、信息质量可否控制等问题都值得人们去思考。教育部门应大力支持智慧教学的发展，促进国内的资源从传统获取模式走向开放获取模式，使立体化、多样化的线上资源能够被广泛地获取与学习，为学生创造良好的环境，使学生最大限度地受益于智慧教学。

二、设备保障

随着教育信息化不断发展，智慧教学成为当前教育领域的新热点、新境界、新趋势，智慧教学引领着教育现代化快速发展。在信息化时代，推行智慧教学须配备智能化教学设备，设备的健全与稳定直接影响资源的利用情况。

基础设施的完善是保障智慧教学顺利开展的前提条件。各大院校应关注校园的智慧教学环境建设，通过建立智慧教室、智慧实验室、智慧平台等手段提高院校的教学环境智能化水平，同时应注重设备的稳定情况。然而，智慧教学基础设施建设在各地区出现了严重不平衡的现象，部分地区由于认识不到位等问题并未贯彻落实教学改革，仍然采用传统教学模式，或者只做了表面工程，基础设施建设不到位甚至严重不足；还有一些偏远地区由于资金匮乏等造成基础信息设施有所不足，导致课程与教学要求不吻合，不仅拖慢了学生的学习进度，而且造成教师无法完成教学目标和教学任务；更有一部分地区在教育部门大张旗鼓地进行智慧学习环境建设时，出现了一些急功冒进的现象，对于基础设施重复建设，大量投入人力物力，造成资源大量浪费，而社会效益并不明显，投入与产出不匹配。

基于以上种种问题，政府及相关部门需要加强对智慧教学基础设施方面的建设工作，成立专项资金，解决贫困学校设施设备问题，促进各地区建立比较完善的教学体系。此外，也可以通过社会资助，增添偏远地区学校的信息技术硬件设备，使学校拥有较好的教学设施，更好地为学生开展智慧教学。政府要加强监管力度，避免资源的滥用与浪费；同时，对思想落后的教育工作者进行谈话，并进行批评教育，纠正思想，鼓励其进行教学改革，紧跟时代脚步。

很多学校可能存在设备损坏的现象，学校只负责采购而不负责维修，很多机器被搁置墙角，无人问津，智慧设备在应用过程中也可能存在各种各样教师无法自行解决的问题，而学校又没有专业维修人员来负责相关维修工作，这给多媒体设备的使用造成了不小的困扰。因此，各学校应当成立设备维修部门，该部门的人员都应是受过专业培训的技术人员，或是具备相关技能的大专院校毕业生。无论哪一类人，都应具备扎实的设备维修能力，还要定期检查设备是否完好，保障设备能被正常使用，不耽误上课时间。设备的保障不仅能够直接影响教学的效果，更能影响教师的心态，很多教师不熟悉设备的操作方式，本来就对新媒体设备的使用有一些恐惧，若这些设备总是出现问题，将会加剧教师的恐惧心理。所以，应在多媒体教室或多媒体设备的显眼处贴上维修人员的电话，确保设备维修的及时性，从而保障教学工作顺利开展。

虽然多媒体教学有着得天独厚的优势，国家对于教学投入力度不断加大，越来越多的多媒体设备和各种辅助设备走进了大、中、小学的课堂；但与此同时，对于多媒体教学设备的管理和使用的要求也越来越高，很多教师在接触这些多媒体设备时，常常处于摸索状态，若不解除出现的故障问题，其教学成果就会流于表面，也会大大缩短设备的使用寿命。这些都成为亟待解决的问题。

三、资金保障

智慧教学的实施需要有力的财政支持，充足的资金保障也是智慧教学顺利开展的前提条件。开展智慧教学首先要健全基础设施，智慧教学的开展是建立在信息化设备之上的，没有信息化设备也就谈不上智慧教育。智慧教育遇到的最大阻碍之一是基础设施不完善，如果前期工作没有做好，后期的课堂教学将无法实施。

基础设施的引进也是一笔高额的支出。开展智慧教学，学校不仅要将校园网全面覆盖，还要建立智慧教室，购买电脑、投影仪等设备。我国大力推行智慧教学模式，国家必然要对智慧教学提供必要的资金保障和支持。以市场发展趋势为导向，国家财政部门加大加快对各大院校开展智慧教学的经费投入力度。与此同时，在国家教育趋势的指导下，应当呼吁社会上的大型企业及爱心人士参与到这项国家事业中，资金筹措的渠道则更为多元化、广泛化，借助资本促进智慧教学的全面开展。

教育改革不能只是流于表面，应当采取实际行动，使教育真正地创造出最大的效益，这就要求有关部门进行实地考察，对欠发达地区的院校给予资金方面的扶持。有关部门应当以市为单位成立调研小组，对各个大、中、小学进行实地调研，针对贫困的学校应当给予专项资金扶持，使学校买得起设备。基础设备的建立是智慧教学开展的前提，调研环节绝不可以弄虚作假，切忌隐瞒实情。

四、师资保障

虽然在智慧教学模式下，教师由"主角"变成了"配角"，但是教师的角色在智慧教学中仍然占据重要位置，必不可少。师资保障包括两个方面的内容：一是实习队伍的建设；二是教师素质的提升。

学校需要成立专门的管理机构和人员，以对智慧教学模式下的教师进行组织和指导。学校应不断引进优良师资，充实教师队伍，为教师队伍注入新的活力。此外，学校还要对教师进行定期的培养与考核。智慧教学对教师的素质提出了更高的要求，从现在高校的师资力量来看，大多数教师在教导学生应试技巧等方面做得很好，但很难有教师可以针对学生的特点，进行创新性教学。教师缺乏对学生创新意识的引导能力。另外，现在很多高校的教师缺少理解和接受新鲜事物的能力，知识结构较为单一陈旧。特别是年龄较大的教师，普遍缺乏对计算机甚至智能手机的使用经验，无法利用现代化教学手段对学生进行教学，更缺乏与时俱进引导学生创新思维的能力。

这场教育革命构建了一种新的空间，将进一步推动教育思想、教育目标、教育内容及教育策略和方法等各个领域的全面改革。智慧教育是一场教育形态的变革，是一场从学习环境到教学模式，再到教育制度的整体性、全面性变革，是一种颠覆性变革，更加强调提供传统教育教学所不能提供或难以提供的可能性。面对这场教育革命，教师必须与时俱进，每名教师都要主动实现素质的转型，因此，教师面临着前所未有的挑战，必须重新理解教师素质的标准和专业要求。教师需要与比传统教学方式更复杂的教育手段——现代教育技术打交道，创造比自身更强大的教育环境和学习平台，也就是创造教育和学习的条件，提高对信息技术发展的敏感性和想象力。

所以，新的标准和要求的关键词就是创造条件。教师的任务不再是只关注知识，而是更加关注运用技术创造教育环境，充分利用云平台和大数据等教育的智能化资源，以及以慕课、微课为代表的开放性网络课程的学习环境等。在这样的背景下，教师在教育中的角色及技能，都将产生划时代的变革。虽然智慧教学体系下的教学资源和教学工具为师生的学习带来了诸多便利，但是很多智慧教学资源都依靠网络技术进行推送，很多教师通过网络下载教学资源，导致智慧教学资源千篇一律、缺乏创新，而智慧教学尤其注重教师的PPT制作能力与网络平台的应用能力。

智慧教学是智能信息技术支持下的教育生态系统，技术与教育的深度融合赋予智慧教学全新的特征。就如同代表信息技术前沿的人工智能算法已经完全区别于传统计算机程序一样，智慧教学在技术运用的本质和方式上已经发生根本性改变。因此，考虑到教师的专业发展和素质转型的要求，以纯粹技术视野要求教师掌握技术技能，已经远远不能满足智慧教育时代的要求了，唯有与时俱进，实现理论、技术与智慧的无缝对接，才能适应智慧教育的新时代。因此，教师素质的提升至关重要，各大院校应当及时关注智慧教学的最新进展，快速提升教师的专业素养，从而培养一支合格的师资队伍。

五、学生素养的保障

智慧教学体系不仅改变了教学模式和教学方式，而且提高了学生的思维创新能力。因此，在智慧教学模式下，学生也应当做出改变，不仅是行为方面的改变，思想上的改变也尤为重要。"培养具有良好价值取向、较高思维品质和较强实践能力的人才"是智慧教学的主旨，因此，基于这种模式，学生不能只学习知识，还要养成良好习惯，培育优良品质。学生思想的转变，也为智慧课堂的顺利开展提供了有力的保障。

学生成为了课堂的主体，学生的自我管理能力在智慧教学中发挥出了重大的作用。在智慧教学模式下，很多事情需要学生自主完成，不再像传统教学模式那样，教师教什么，学生就学什么。在智慧教学模式下，课前准备至关重要，学生不仅需要在课前浏览大量的网络资料，而且需要做好充分的课前准备；不仅要提前预习教师发布的PPT，把握课堂的大致内容，标记有问题的知识点，而且要完成教师发布的课前作业。智慧教学，一方面可以大幅提高学生的自主学习能力，另一方面可以提高学生的自控力和专注力，让学生真正成为课堂学习的主人。这不仅是智慧教学的作用，而且是智慧教学的核心目标。

在智慧教学模式下，教学理念也发生了翻天覆地的变化，由注重培养学生的应试能力转变为培养学生的自主性等素质，这些素质的养成对学生今后走向社会有很大帮助。因此，学生的心态要发生改变，不仅要学会知识，还要在学会知识的过程中有所感、有所悟，不仅要重视过程，还要重视结果。学会解决问题不是目的，还要掌握发现问题、分析问题的能力。学生这种能力的培养不能完全依靠教师，他们自己也要不断摸索、不断感悟，不然，将成为教育改革的牺牲者。智慧教学不能使教师与学生面对面，一部分学生会克制不住自己，导致出现不认真听讲的行为，一旦这种行为变成习惯，将会导致严重的后果。学生只是在短时间内得到了消遣，长此以往，不仅会落下很多知识，还会在未来的社会竞争中处于不利地位。

六、政策保障

近年来，各级各地教育部门着眼于教育信息化发展趋势和发展要求，均陆续出台了一系列有关智慧教育的政策文件，推动教育信息化向2.0阶段升级。"教育是国之大计、党之大计，是民族振兴、社会进步的重要基石，是功在当代、利在千秋的德政工程，对提高人民综合素质、促进人的全面发展、增强中华民族创新创造活力、实现中华民族伟大复兴具有决定性意义。"党的二十大报告指出："推进教育数字化，建设全民终身学习的学习型社会、学习型大国。"《中国教育现代化2035》指出："建设智能化校园，统筹建设一体化智能化教学、管理与服务平台。利用现代技术加快推动人才培养模式改革，实现规模化教育与个性化培养的有机结合。创新教育服务业态，建立数字教育资源共建共享机制，完善利益分配机制、知识产权保护制度和新型教育服务监管制度。推进教育治理方式变革，加快形成现代化的教育管理与监测体系，推进管理精准化和决策科学化。"

最近几年，全国各部门基于信息化趋势对教育信息化发展提出了新的要求，出台了各类教育信息化的发展政策。良好政策的落实是智慧教育顺利实施的重要保障。政策主要从以下三个层面展开。

一是国家层面宏观的战略规划。我国提出的《教育信息化"十三五"规划》《教育信息化2.0行动计划》等，均将"智慧教育"列为重要工作，提出"以人工智能、大数据、物联网等新兴技术为基础，依托各类智能设备及网络，积极开展智慧教育创新研究和示范，推动新技术支持下教育的模式变革和生态重构"。

二是国内省市级层面中观的工作方案和指导意见。江苏省人民政府办公厅于2015年率先出台了《关于推进智慧教育的实施意见》，南京市人民政府办公厅发布了《关于推进智慧教育的实施意见》，安徽省教育厅印发了《安徽省普通中小学智慧学校建设指导意见》，重庆市人民政府办公厅也出台了《重庆市智慧教育五年工作方案（2018—2022年）》，明确了未来一段时间加快智慧校园建设、发展智慧教育的工作重点。

三是区县层面微观的智慧教育落实方案。例如，北京市海淀区人民政府提出了"建设三类智慧环境、提升为四类人群的智慧服务、建立五个保障、实施六大工程"的智慧教育工作目标，并制定了《海淀区智慧教育建设项目管理办法》，进一步规范智慧教育建设模式，确保任务的落实。

根据前述教育政策理论定义，结合智慧教育政策理论与事实分析，总的来看，区域智慧教育政策应主要包括以下内容和要求。

一是指导思想。这是教育政策价值取向的重要载体，是教育政策的重要政治理论基石，要解决政策层面"为什么做"的问题。区域智慧教育政策要更加凸显坚持正确政治理念，推动落实党的教育方针及教育要求。

二是政策目标。这是教育政策的核心关键，教育政策的执行落地，要解决政策层面"做什么"的问题，必须明确教育政策目标。区域智慧教育政策目标，要以面向未来、面向教育为目的，以智能技术发展智慧教育，推动智慧教育思想、模式、路径等创新，进而实现教育改革发展。

三是工作原则。这是教育政策价值取向和执行方法的重要体现，要解决政策宏观层面"怎么做"的问题。智慧教育政策的工作原则，是要注重实现"以人为本"等现代教育理念与"互联互通""开放包容"等教育技术理念相融合。

四是主要任务。这是教育政策目标任务的具体分解和教育政策执行的过程要求，解决政策操作层面"怎么做"的问题，从具体事项上明确需要完成的工作。区域智慧教育政策的主要任务，主要应围绕信息时代的教育教学生态，构建可持续的智慧教育系统，寻找当地智慧教育发展路径，推进实现教育政策目标。

智慧教育是一个复杂的、庞大的、智能的系统工程，智慧教育的发展要求教师与学生两大主体共同发展、相互促进，并配合保障措施促进教育和新技术的协同进步，确保智慧教育顺利开展，最终促进社会和人类的进步。

第八章　智慧教学的教学评价

　　为了更好地了解教师课堂教学的质量，教学评价必须基于教学的全过程，重点在于评价教学质量的高低。

　　传统的课堂考勤方式多依赖教师点名，这种方法占用了大量的教学时间，教师不可能在每次上课时都进行考勤。并且教师考勤在面临上课人数很多的情况时，存在考勤不准确的问题。智慧教学因其智慧化的教学管理和实施手段，不仅能够对教学全过程进行更为精准的掌控，而且便于进行辅助评价，克服了以往评价的单一性和片面性。基于这种宏观的分析，在一定程度上可对教师的课堂纪律做出评价。在实际教学环节中，还需要对教师的课堂教学效果做出评价。

　　智慧课堂教学评价主要考虑五个方面。一是教师首先要把握新旧知识的内在联系，通过创设情境激发学生的求知欲。二是教师应根据课程的重点、难点、疑点，有效组织小组合作学习，设计实质性的集体学习内容，用正确的教学术语指导学习方法、渗透教学思想，以培养学生的综合能力。三是教师应融入学习小组，开展个别辅导。四是教师应以训练学生思维为目标，创造性地实践。五是可以采用提问询问、小组交流、集体评价、自我修改和互批作业、抽查等多种方式获取反馈意见，并及时给予适当评价。

第一节　评价原则和方法

　　智慧课堂的建设离不开教学评价体系的完善和优化。在扬弃传统课堂教学评价的基础上，探索符合智慧课堂要求的评价标准和方法，促进教师全面诊断教学过程，通过及时的评价进行必要的调整和纠正，从而确保教学行为能够精准对接智慧课堂的目标。智慧教室的建设也离不开系统的保障，建立德育课堂保障机制，完善现行学校管理制度和教学管理制度，可以促进智慧课堂建设的顺利实施。在构建智慧课堂教学的过程中，教师必须秉持道德原则，让课堂充满尊重、关怀、民主、和谐，在身心愉悦、人格健全、精神自由、生活自主的学习环境中，让学生体验学习的快乐，从而获得学业进步，实现身心全面发展。

一、智慧课堂的特点

（一）智慧在"引领"

当今课堂的教学设计不仅是话语的设计，更是教学活动的设计。在互联网时代，学生是课堂不可或缺的一部分，教师是课堂教学的引导者，他们的作用是引导学生，帮助学生解决学习中的问题。

在课堂上，教师在熟悉教学内容的情况下讲授知识点，并可以添加一些问题进行引导。为了进一步提升学习效果，教师可以将学生分成不同的小组，鼓励学生遵循自主学习、主动提问、协作学习等学习策略。教师为学生搭建了发展个人能力的支架，引导学生深入思考，激发学生的深度思维、批判性思维和辩证思维，帮助学生建立系统、全面的学习结构和知识体系。

（二）智慧在"多元"

现代课堂设计应充分适应不同需求，更好地支持学生的全面发展，尤其是技能的发展。在传统的课堂教学中，每节课的内容都是紧密交织、难以分割的。在现代课堂中，每节课的内容被设计为既独立又相互关联的学习单元，各知识点之间保持着紧密的逻辑联系，使教学环节更加完整。这种设计非常适合学生将每节课的教学内容融入现有的知识框架和技能体系中。

课程设计应考虑学生的学习方式和对知识的接受程度，根据学生行为确定教学方法、教学活动和教学策略。

（三）智慧在"效果"

课堂教学是利用移动技术、智能技术、数据分析技术等新技术，助力学生实现更为高效的学习体验。通过信息技术课堂验证学习过程的最终结果尤为重要。

在课堂上，首先要鼓励学生积极主动地回答老师提出的各种问题，促进学生在有限的时间内掌握这节课的核心内容；其次教师提出具有创新性和针对性的建议，学生通过及时提问和反馈深入学习、理解、记忆知识，并激发他们的创造力；最后得出合适的教学策略，更好地理解和强化本节课的内容。信息化时代的学生应更加关注信息化社会中学生学习需求的减少，以及这一变化对学校学习改革提出的必然要求。

（四）智慧在"研创"

智慧教学的本质和核心是应用信息技术提升学习效果，需要学生主动学习，同时强调时间管理的重要性，以学校为平台，深度提升学习者的认知与能力，促进学生的创新思维、批判性思维和一流思维能力的发展。学习内容包括学生可以创新和创造的元素，结合创新性的设计和插图，让学习者以线上和线下相结合的方式参与学习。

为了培养数据时代所需要的技能，学生必须在学习过程中通过一系列的理论学习、实践、协调和研究等一系列环节，培养其思考能力和创造力。学与教的评价不仅要考虑结果，更要注重对基础知识的理解、应用、转化和创造。

（五）智慧在"评价"

21世纪，随着教育从信息化走向智能化，评价方法也必须与时俱进，让学生体验不同的学习要求、教学技巧和教学方法，实现更加科学、公正的评价。教学技能评价应包括以下三个部分：一是对学生在校情况和答题情况进行评价；二是通过观察和分析，以一定的方式评价学习技能的过程、行为和表现；三是单元测试、作业和考试。只有具备更好的评价体系，才能真正做到以科学研究为基础，评估学生的发展状态与潜力，从而纠正和培养学生的学习行为。

二、智慧课堂的教学流程设计

课堂团队注重"教"与"学"的融合与统一。在科技驱动的技术教学中，教师的互动和协作更加频繁，促进了"教"与"学"之间的融合。因此，教学的设计包括三个层次和十个环节，具体分为课前、课中、课后三个层次和学业分析、入门测试、教学指导、情景介绍、教学研究、学校测试、总结与改进、课后作业、延伸学习、考虑和评估十个环节。这一教学过程构建了教与学可持续发展的整个单元。

（一）课前阶段——学情分析是核心

与传统的学校教学不同，在校教学中，教师课前准备和学生课前准备的重点不再是预习，而是对学业状况的分析。

一是教师在课堂上以智能信息技术为平台，及时了解、分析学生学习的基本情况，进而启发学生制订学习目标和预习内容。二是引导学生完成课堂预习，完成一次入门测试，找出预习过程中涉及的问题；随后，通过一次课前考试，明确教学目标，从而更精准地提出并实施最适合的教学策略。

（二）课中阶段——师生互动是关键

智慧教学团队与传统教学团队最大的不同在于课堂团队承载着多种形式。

课堂不再由老师主导，老师不再仅是信息的传递者，而是通过提问引导学生。学生成为课堂的主体，他们自主创造情境，以此引入新课程的学习。在课堂上学生展示和分享预习的成果，而教师负责提供必要的补充、解释和演示，以帮助学生解决现有的问题。

在上述过程中，学生不仅通过自主学习深化理解，还主动探索知识，积极协作完成小组任务。最终，学生将提交作业成绩，并有机会在课堂上展示自己的学习成果。

教师在课堂上观察学生的学习成果，并为学生提供个性化的反馈。

对于学校的考试、研究项目和小组活动，教师应进行及时的评价和反馈，帮助学生认识到自己的不足之处，再进行总结和改进，进一步促进教师与学生之间的互动，促进学生创造性思维的发展。

（三）课后阶段——评价反思是重点

在课后阶段中，现代课堂教学模式与传统课堂教学模式大不相同。在机构课堂上，学生通常会完成课堂作业，提交给教师后，教师会进行批改，并在下一堂课上做出点评。在整个课堂中，教师会根据每名学生的考试表现和学习需求，量身定制复习材料，分配任务，并分享课堂经验。此外，学生还可以将作业实时发送给教师，并立即获得教师的批改和反馈。学生也可以在平台上进行定位，与同学和教师交流感受和问题，并进行总结和反思，教师可以通过平台看到学生的学习进度，从而达到教学目的。

总之，智慧教学模式不仅是对教育教学的探索，更是教学方式变革的标志。智慧教学团队在利用新技术重塑教育观念与教学模式方面展现出诸多优势。智慧课堂在先进学习理念的引领下，巧妙地将传统教学模式与现代技术手段相融合，有效地培养学生的创新思维。

三、智慧教学评价体系与方法

布鲁姆的学术理论以学生评估而闻名，"专注于实现目标并适应和发展个人技能"为教学评估奠定了坚实的基础。该理论将认知划分为六个层次：知道、理解、应用、分析、综合和评价。基于这一理论，他提出了诊断性评价法、形成性评价法和总结性评价法。针对当前教学中存在的挑战与难题，特别是那些棘手的学习系统，可以运用布鲁姆的评估理论进行深入的评估。

（一）智慧教学评价体系

1. 评价学生学习自主性和日常理解教学内容的学习状况

主要考虑智慧教学过程中学生的学习效果和情况，因为教学的本质是教育学生掌握相关知识。学生对教学内容的理解是所有教学活动的最终目的，智慧教学自然也不例外。评价学生的学习自主性可以通过智慧教室的监控设施来完成。目前，该技术已经比较成熟，通过收集课堂上学生的学习行为特征数据，综合分析其学习主动性。对于学生对教学内容理解程度的评价，则侧重于采用多种形式的测试方法（如平时的各种检验和考试等形式），以获取学生对教学内容的理解情况。

2. 评价学生真实高效学习的参与度

参与式学习是学习的良好形式，学生积极参与教学活动是实现良好教学效果的前提和保障。相较于传统评价方式，智慧教学评价凭借其记录学习轨迹与过程管理的能力，能够轻松捕获真实且高效学习的关键信息，进而给出科学合理的结论，为保证教学活动的真实性和有效性提供基础。

3. 评价学生学习满意度

学生满意度是从供需双方的角度出发进行评价的。学生在教学活动中处于相当于消费者的地位，按照市场经济规律原理，消费者有权利对消费的商品进行满意度评价，从而体现商品的价值。基于这一考虑，评价学生满意度也是评价智慧教学的重要部分。

（二）智慧教学评价方法

结合现有的研究成果可以发现，智慧教学的评价方法基本上采用层次分析法，即通过构建评价指标体系，根据数据采集的需要采取定性与定量相结合的方式对智慧教学进行综合性评价。具体来说，既有针对教师能力的评价，也有针对学生学习效果的评价，还有针对智慧教学整个过程的评价。

构建评价指标体系中采用的模型框架大体上有两种。一种是整合技术的学科教学知识(technological pedagogical content knowledge)，简称 TPACK 框架。该框架把教学内容、教学知识、技术手段融为一体进行综合性评价，再得出可靠的评价结果。另一种是借鉴美国品质管理学大师休哈特教授所创立的 PDCA 循环品质控制理论。PDCA 循环的含义是将质量管理分为四个阶段，即 plan（计划）、do（执行）、check（检查）和 act（处理）。智慧教学评价借鉴其核心要义，构建关于智慧教学全过程的质量评价指标体系。

在智慧教学评价指标体系的构建过程中，指标的选取基本覆盖教师、学生、教学环境、教学效果等多个要素。不同学者制定的指标体系存在差异性，但是基本上都涵盖了这几个方面。

四、智慧教学评价的意义

（一）对教师的意义

教师借助智能互动响应平台，设计更高层次的课前、课中、课后学习活动，尝试构建多种师生交流互动形式，提高教学质量。利用学生在网络上的黏性，覆盖整个学习过程。智慧教学为学生提供开放便捷的学习平台、丰富的课程和免费的学习机会，方便师生交流。

在课堂上，老师能够全面听取学生的意见，并随着时间的推移调整教学策略。通过作业评估和问答报告，鼓励学生认真思考作业中出现的问题，引导学生不要用抄袭来解决问题，这一举措极大地提高了学生思考和提问的学习能力。此外，在线平台为多种教学模式的开发提供了互动反馈机制。使用先进的交互式大数据进行估算，能够预测并应用最佳的"期末考试"技术，旨在提升学生的学习成绩，并实现对学生多维度能力的精准评估。通过打造智能互动反馈网络平台，成功地在课前、课中、课后融入多元化的教学模式，提出了更为客观的评价模式，进而显著优化了教师培训的互动流程。

从教师的角度来看，他们能够有效安排时间去了解学生的知识掌握程度，以便进行有针对性的强化训练。教师在课堂上与学生见面，提供全面覆盖所有学生需求的反馈，并能灵活调整教学计划。

（二）对学生的意义

教学评价可以让学生随着时间的推移调整自己的学习习惯，更积极地参与教学互动。在线学习平台极大地促进了知识的相互关联，增加了学生学习的次数和机会，便于重复学习和持续改进，有效帮助学生理解教师传授的方法。从教师的角度来看，根据收集到的信息和反馈，教师能够更有效地利用时间，精准把握学生的知识掌握情况，进而进行个性化辅导。

对于学生来说，通过课前图文预习、课内互动反馈、课后作业问答、教学中的提问与评价等服务，极大地提高了他们对课程的参与度。学生可以通过课前资料进行预习，以及PPT辅助练习和全程练习环节来进行学习。学生在课前和课上及时发现问题并提出问题，这种即时反馈机制促进了同伴间的协作，并显著提升了他们深入思考和解决问题的能力。此外，教师可以通过在线考勤，不断督促学生积极上课。

网络平台提供了多个互动教学实例，通过平时的大数据互动报告，有望提升学生期末考试时的状态。充分发挥网络平台在协助教师开展优质教学活动、扩大学校学习对学生产生的积极影响、提高学生的专业技能和解决问题的能力等方面的重要作用，表明网络平台具有广泛的应用前景。

第二节　智慧课堂的评价功能与作用

智慧课堂是集人工智能、大数据、物联网技术于一体的新型教室。智慧课堂集智慧录播、智慧采集、智慧交互、智慧评测、智慧分析、智慧反馈、智慧环境等功能于一体，是目前各大院校所追捧和努力建造的新型课堂模式。

一、智慧课堂的多功能性

（一）智慧反馈

智慧课堂具有通知、提醒及反馈功能。一方面教师可以设置通知与提醒的定时发布时间；另一方面系统会提醒学生有哪些任务没有完成，需在什么时间完成。同时，在每节课结束后，系统会及时反馈给教师和学生本节课的分析报告；学期课程结束后，还会反馈给教师和学生整个学期课程的分析报告。通过反馈机制督促学生及时完成任务，明确提升方向。通过反馈，教师可以改变教学策略、提高教学手段，不断提升自身的授课能力。

（二）智慧评价

智慧课堂具有智慧评价功能。一方面，教师可以根据学生的课堂表现进行互评、自评和教师评价；另一方面，教师可以发表测试题，包括客观题和主观题，其中客观题系统会自动评分，主观题需教师为学生的作品或答案进行评分，所有评分都会被智慧课堂统计、记录。

二、利用智慧课堂教学评价的结果

（一）教师利用智慧课堂的教学评价

教师可以利用智慧课堂的评价反馈体系，大致步骤如下。

首先，教师能够利用评价反馈体系看到学生对自己出的测试题回答得正确与否，以及每道题回答正确的比例，这样有助于教师及时调整教学策略，针对学生不会的问题重点讲解，并及时调整视频资源、课件资源、辅助讲解及解析资源等，帮助学生学习、理解。经过几轮调整后，大部分学生通过视频资源一学就懂，少数学生经过教师点拨及后续训练后能很快学会。

其次，教师能够利用评价反馈体系找到学生的优点及不足。例如，在学生各科评价中能发现学生对什么科目感兴趣、对什么科目不感兴趣，根据这些分析出学生的兴趣爱好，进而有针对性地调整教学策略，与学生做朋友，使学生信任教师，进而激发学生的学习热情。

再次，教师能够利用评价反馈体系发现如何提高学生的综合素养。在整个授课过程中教师会设计整个课程的评价体系。

整个评价体系的设计依赖于人才培养目标的设定，在完成评价体系过程中，教师会依赖智慧课堂的自我评价体系设计（包括学生学习的视频时长及数量、学生课堂回答问题的积分、学生参与讨论的次数、学生完成作品情况、学生作业情况、学生测验成绩、学生在践行社会主义核心价值观方面的积分等），通过每节课的累计最后完成学生的过程性考核。

在对整个考核成绩进行分析时，教师能够清晰地识别出成绩分布的主要集中点，这些往往反映了学生掌握较好的知识点，以及学生的成绩在什么方面比较薄弱，是否完成了预设的综合素养目标，并及时调整授课内容及评价方案，进而提高学生的综合素养，而不是一味地追求考试成绩。

最后，教师能利用评价反馈体系发现学生潜在的心理疾病，并予以干预。教师通过智慧课堂积分情况能发现哪些学生的参与度特别高、哪些学生没有参与度，并通过跨课程追踪发现哪些学生什么课程都没有参与度。而没有课程参与度的这部分学生可能心理存在潜在的疾病问题，教师要及时与心理老师沟通反馈，请专业人员对学生进行疏导和干预。同时，教师要通过智慧课堂标记学生的情绪，对特别激动、言语过激的学生要重点标记，同时请专业教师对学生进行疏导。

（二）学生利用智慧课堂的自我评价

学生利用智慧课堂的评价体系大致如下。

首先，学生可以清晰地看到每道试题的解答正确与否，以及错误试题的解析，进而看到整个课程中哪些知识点、技能点的错误率较高，再自己加强学习并巩固、提高。

其次，学生可以通过查阅课堂积分清晰地知道自己这节课的每项成绩及综合成绩，可以看到自己这节课的表现比上节课是提高了还是需要继续努力。通过查阅课程积分，学习可以清楚地看到自己的综合成绩及综合表现情况，有助于客观地认清自己的学习进程和综合表现情况。

再次，学生可以通过所有课程及自身表现的综合评价体系，查看自己的综合素质得分，分析自己在综合素质上哪些方面有欠缺、哪些方面需要提高、哪些方面有特长需要继续发扬。

最后，学生在评价体系中主要对比的对象是自己以前的记录，通过这种自我对比、自我激励的方式使学生挑战自我、征服自我、完善自我。

（三）教学管理人员利用智慧课堂的自我评价

教学管理人员要充分利用智慧课堂的智能评价功能，定期查看、进行横向及纵向比较，发掘教师在整个课堂中的闪光点、发现学生综合素养提升的路径，进而进行总结，结合专业、教师及学生的特点指导课程改革，进而构建符合学院人才培养目标及综合能力指标的人才培养体系。

首先，通过对每届学生的工作岗位反馈及智慧课堂中留存的综合素质评分情况，找出大部分在单位中表现较好的学生所具备的能力及综合素质，进而调整学院人才培养目标及综合能力指标，以便培养出适合岗位需求的学生。

其次，分析学生的岗位表现及综合素质评分，找出每届学生的培养路径，并对路径中每个关键点加以关注与分析，从而研讨出适合大部分学生综合素养提升的培养路径，进而指导课程改革。

最后，教学管理人员要对每门课程成绩、同类课程不同教师授课的成绩、学生的综合积分等进行客观评价和分析，注重将教师授课的闪光点放大，进而总结出适合不同课程的教学方法及学生的学习方法，从而指导教学改革，使教师的教学能力得以提升，使学生的学习兴趣、动手实践能力得以提高。

三、智慧课堂教学评价体系与设计方法

（一）智慧课堂教学评价体系

智慧课堂教学评价是一个既闭合又开放的体系。其闭合之处在于教师、学生、课程、课堂、成绩的内循环，其开放之处在于教师间、学生间、课程间、管理部门间对整个评价体系的借鉴、分析与指导。整个评价体系最初的设定是教师根据课程的人才培养方案进行的，主要体现在对学生综合素养提升的考核上，不同课程、不同科目设计的标准并不相同：有的课程纯粹是过程性考核、有的课程是平时成绩加阶段考核再加期末考试，有的课程是实践性考核加平时成绩，等等。无论考核形式如何，都会在整个内循环和外循环中不断完善、修正，以便于适合学生综合素养的提高。

（二）智慧课堂教学评价方法

在教师设计的课程评价基础上，学生管理部门需设计好学生的综合素质评

价体系，包括学生的课程成绩、学生的社会实践成绩、学生的证书加分、学生的职务加分、综合评价等。学生的综合素质评分要充分体现在德育、智育、体育、美育及劳育方面，进而突出整个学校的人才培养体系及核心能力体系。教学管理部门在此基础上，要设计出横向及纵向比较分析的评价体系，通过体系能很容易分析出哪些课程、哪些环节的设计学生参与度高，哪些课程、哪些方法的实施学生成绩高，哪些课程的经验值得推广研究等，进而推动教学改革。

首先，在项目实施的过程中有效运用课程实施手段。课程以闯关形式完成，相应的闯关规则如下。按照每个项目中五个任务对应的学习产出测量表进行考核。知识点运用学习通平台，对学习产出测量表中知识指标进行考核，正确率达到考核标准算合格，否则重考；技能点与态度点运用学习通及线下根据学习产出测量表中态度指标和技能指标进行考核。每个项目完成后有对应的电子成果，一人一套（作品源程序、学习通测试截图），每个项目完成后测算出本项目总成绩。

其次，按照学生完成教学任务的情况，结合教学目标要求进行评价。按照以学生为中心的反向设计方法，将每节课划分为课前、课中、课后三个阶段，每个阶段都有针对态度、关键技能、知识点的反向测评标准。

班级按照3~4人划分为若干个学习小组（由骨干和学困生等组成的团队），充分运用学习通中各种活动进行参与式学习，此部分内容会计入每个任务的考核中。不做与课堂无关的事，如上课离开课堂等行为将被视为违反课堂纪律，主要采用组内监督与组间监督相结合方式，对违反纪律的团队进行连坐，以团队的形式进行监督。

最后，每个项目中每个任务都以闯关形式完成，以学生学习效果为中心反向设计，根据三级矩阵学习产出测量标准进行态度点、技能点的阶段考核。

第三节　评价指标体系的构建

教学评价如果想进入正式实施环节，必须通过一定的方法和途径，即评价指标体系的构建。评价指标体系的构建需要遵循一定的原则和方法。评价指标体系是一系列具有可操作性的可衡量的指标构成的综合评价体系。智慧教学评价指标体系包含教育的各个环节和要素，如教师、学生、课程、环境等方面。本节首先介绍评价指标体系构建的原则，其次从不同的方面介绍构建指标体系的过程。

一、智慧教学评价指标体系的构建原则

（一）科学性原则

智慧教学评价指标体系必须遵循教育教学的一般规律，也就是说必须有科学性。评价目标是指标设计的出发点，衡量指标体系是否合理的一个重要标志就是看其是否能满足评价目标。指标的选取必须遵循教学的一般过程和规律性，从教师、学生、目标等多角度出发，选择适合智慧教学特征的衡量指标。

（二）导向性原则

由于教学评价对教学改革具有一定的导向作用，因此，智慧教学评价指标体系对当前的基础教学改革必须具有一定的导向功能。智慧教学评价不是终点，而是过程，所以评价指标的选取要有一定的前瞻性和挑战性，也就是说是未来可能要达到的目标，指导智慧教学的前进方向。

（三）可操作性原则

在构建智慧教学评价指标体系时，应充分考虑获得所需数据信息的难易程度。如果用于考察一项评价指标的数据信息在教学过程中难以获取或获取成本很高，那么这项评价指标可以认为并不具有可操作性。在构建指标体系中，会出现一些指标无法获取或者很难量化的现象，这样的指标就越应该考虑删去。

（四）整体性原则

智慧教学评价的设定分别从课程、教师、学生三个角度进行。对于课程角度而言，智慧教学是以智慧型课程为技术支撑的教学模式；对于教师角度而言，智慧教学是以智慧教学法为主要特征和表现形式的教学模式；对于学生角度而言，智慧教学是以智慧学习为根本基石的教学模式。因此，智慧教学评价指标体系必须全面地体现出教学、课程、学生、环境等多个方面。

（五）标准适宜原则

指标体系构建过程中，需要界定每个指标的阈值。关于阈值的确定需要考

虑现实性，不能超出目前的技术和质量高限，也不能低于平均水平。评价指标的目标值确定需要体现一定的可靠性和稳定性，以保持评价出来的结果具有可信度。真实地反映出被评价对象的水平。

（六）简洁性原则

智慧教学评价指标和标准能够清晰的表述出来，指标的描述语言需要通俗易懂，并与教学实际相结合，能够让教师、学生等参与人员理解指标项的内涵。指标的语言需要使用通用的语言或者话语体系，简洁明了，尽量避免使用专业性很强的术语或者生僻的词语。

二、教师智慧教学能力的评价指标体系构建

传统的课堂教学是由教师讲解教学内容，之后学生独立完成学习任务，最后教师进行纠正和改错，这种教学模式忽视了学生主体性作用，局限了学生个性发展的空间。智慧教学的核心理念是以学生智慧发展为本，强调学生的个性化学习，所以说课堂是动态变化的，而教学目标是确定的，教师的主要职责就变成了在教学活动中能够运用智慧化手段带领和引导学生个性化学习。教师是否能够进行创新性教学对课堂教学过程的创新性体现具有一定的影响。教师的智慧教学能力高低直接关系到智慧教学过程的成败，因此，评价教师智慧教学创新能力是十分重要的。

教师的智慧教学能力是一个综合素质，包含的内容丰富。具体来说，主要包括教学准备、教学实施与反思、教学设计和改进、教学创新等方面的能力，具体再细分包含信息技术的应用能力、教学资源的整合能力、教学设计能力、评价的反馈能力、教学过程和方法的创新等。

构建指标体系过程时，一般采用两种方法，一种是自下而上的方式，即头脑风暴法，就是把能想到的关于教师智慧教学能力的题项都列出来，不论多少，只要头脑中有就写出来，然后从中筛选和分类，再通过整合形成指标体系。另一种是自上而下的方式，从核心概念出发，引申出二级概念，再从二级概念出发引申出三级概念，逐步完成指标体系构建。两种方法各有利弊，实际操作中可以综合使用。

关于教师智慧教学能力的评价指标体系，东北师范大学的孙聘做了积极的尝试和探索，并得出了较为全面系统的指标体系。一级指标设计了教师智慧教

学能力的智慧教学准备能力、智慧教学实施能力、智慧教学评价与反思、智慧教学创新能力四个方面，再具体化为二级、三级指标，最终拓展到最后的56个观测点，见表8-1。

表8-1 教师智慧教学能力评价指标体系

一级指标	二级指标	三级指标	具体表述
智慧教学准备能力	信息技术基本知识和能力	智慧教学意识	1. 教师了解信息技术对教学的重要性并积极应用到课堂教学中
			2. 教师了解智慧教学的基本理念，并积极应用到课堂教学中
		信息技术基本知识和技能	3. 熟悉制作微课等相关教学软件的基本操作，如思维导图、知识地图等
			4. 熟悉备课及管理服务、网络学习空间等基本操作，并完成备课工作
			5. 教师具有解决信息技术问题的知识和能力，如解决中毒、系统文件缺失、硬盘空间不足等问题
			6. 熟悉相关的课件制作工具，能够自主制作教学课件或改造教学课件
	面向思维培养的教学设计能力	教学分析能力	7. 教学目标定位清楚合理，具有一定的可操作性
			8. 教师能够概述教学的三维目标
			9. 对学生的特征进行分析，详细列出学生的思维习惯、起点水平、数字化学习能力等
			10. 教师能够提出与学科内容相关的劣构问题（开放性或者半开放性问题）
		教学设计能力	11. 教学中，教师根据学生的认知水平经常设置疑难关卡，激发学生学习兴趣
			12. 教师能够依据学科内容性质、学生认知水平来创设问题情景，引导学生发现生活中的实际应用
			13. 教学内容的呈现综合了图片、视频、文字等多种媒体形式，如电子白板、交互电视或大屏幕投影
			14. 教学活动设计有层次性，体现出了学生不同层次的能力需求

表8-1（续）

一级指标	二级指标	三级指标	具体表述
智慧教学准备能力	面向思维培养的教学设计能力	教学设计能力	15. 充分考虑学生的个性特点和学习需求
		学科思维技术评估设计能力	16. 基于学生的认知水平设计具有可操作性的学科思维表现性标准
			17. 能够基于学生思维特点设计与教学内容相关的拓展思考题
	教学资源设计能力	教学资源获取	18. 教师熟悉获取学科资源的来源渠道，如中小学学科资源和课件网站
		教学资源设计	19. 教师能够利用学科教学工具，制作相关的案例资源
		教学资源共享	20. 教师熟悉网络学习空间、学习体验中心、信息化学科工具等信息技术，共享和发布教学信息
智慧教学实施能力	智慧教学整合应用能力	信息技术与教学活动的整合应用	21. 教学过程中，教师经常通过CAI（计算机辅助教学）方式为学生营造个性化的学习环境，综合运用数字化实验室、网络学习空间等信息技术，丰富课堂教学
			22. 教师熟悉CAI（计算机辅助教学）方式辅助学生学习
			23. 引导学生熟悉微课等软件的使用，促使学生自主探索和学习迁移
		信息技术与具体学科活动的整合应用	24. 信息技术与语文学科内容整合过程中，教师利用技术工具促进学生语言表达能力发展
			25. 信息技术与数学学科内容整合过程中，教师利用技术工具促进学生逻辑思维能力和抽象思维能力发展
			26. 信息技术与英语学科内容整合过程中，教师利用技术工具促进学生口语表达能力和阅读理解能力发展
			27. 信息技术与文史类（历史、地理、政治）学科内容整合过程中，教师利用技术工具促进学生论证探究、区域认知能力的发展
			28. 信息技术与理化类（物理、化学、生物）学科内容整合过程中，教师利用技术工具促进学生实验能力、探究能力的发展

表8-1（续）

一级指标	二级指标	三级指标	具体表述
智慧教学实施能力	教学组织管理能力	监控	29. 在教学过程中，教师能够根据学生的反馈情况灵活调整教学计划
			30. 在教学过程中，教师能够利用智能化技术监控学生的学习状态，并提供适当的干预措施
			31. 在教学过程中，教师能够不断补充学习资源，满足学生的学习需求
		管理	32. 在教学过程中，教师能够妥善处理课堂中因技术原因出现的意外情况
			33. 教师能够有效避免因学生交流、谈论而出现的课堂教学的混乱状态
智慧教学评价与反思	智慧教学评价反馈能力	学生评价	34. 教师注重学生学习过程的评价
			35. 教师依据学生的特点制定多样化的评价标准
			36. 教师有效把握学生的思维状况，了解学生的疑问
			37. 教师制定有效的检测环节，检测学生的学习效果
		教师自我评价	38. 教师自我评价意识强，及时调整教学策略
	智慧教学反思交流能力	反思	39. 教师借助智能化技术手段记录教学过程，反思教学中的不足之处
		交流	40. 教师积极与同事交流教学经验，并针对不足积极改进
			41. 教师善于借助网络平台与教育同行交流，反思自身课堂教学的不足
智慧教学创新能力	智慧教学创新理念	教学理念	42. 教师能够对教学提出新观点、新认识
			43. 教师愿意接受新的、先进的教学理念
		教学情境创设	44. 教师能够依据教学目标创设新颖的教学情境，引发学生的学习兴趣
	智慧教学过程创新	教学过程	45. 教师能够依据学生特点灵活选择教学方式
			46. 教师能够积极探索和尝试新的教学方法，并应用到课堂教学中
		教学方法	47. 教师形成具有个人特点的教学风格
			48. 教师能够以幽默的方式化解课堂中的意外情况
	个性化学习指导的创新	观点表达	49. 教师鼓励学生自由表达自己的看法，允许多种观点存在

表8-1（续）

一级指标	二级指标	三级指标	具体表述
智慧教学创新能力	观点表达	布置任务	50. 教师根据教学内容设置开放性的学习任务
		思维启发	51. 教师教学思维启发性较好，能够激发学生的新思想
			52. 教师能够依据现有的信息技术设置新颖的教学活动
	智慧教学评价反思创新	成果	53. 教师善于将学生的学习成果转化为具有创新性的成果
		迁移	54. 课堂结束后，教师能够引导学生解决新问题
		课堂表现	55. 教师鼓励学生"不同寻常"的表现
		反思	56. 教师能够从不同角度反思本次课的教学过程

引自：孙聘. 中小学智慧教学评价指标体系构建的研究［D］. 长春：东北师范大学，2018.

三、学生智慧学习能力的评价指标体系构建

在智慧教学中，学生评价本质上是学生学习行为评价，特别是学生自身学习能力、信息素养能力的培养与发展，以及学生高阶思维能力作为学生核心素养的研究。智慧教学条件下，学生不再是被动的参与者，而是学习活动的主体，教师是辅助和指导。学生智慧学习能力的具体表现为应用信息技术解决问题的能力，能够合理利用智慧教学资源的能力，学习的主动性和积极性，对知识进行自我构建的能力，等等。东北师范大学的孙聘对学生智慧学习能力进行了指标设计和体系构建，应用布鲁姆对认知领域学习目标的分类，将学生的智慧学习能力分成二级指标4个（分别是应用、分析、综合、评价），三级指标13个，总体评价标准共19个，见表8-2。

表8-2　学生智慧学习能力评价指标体系

一级指标	二级指标	三级指标	具体表述
学生智慧学习能力	应用	记忆能力	1. 强调理解基础上的记忆，主动进行知识构建
		知识构建能力	2. 学生在智慧学习过程中，通过在新知识和原有知识之间建立联系，从而掌握复杂概念、深层知识等非结构化知识，最终达到知识的意义构建
		迁移能力	3. 将学过的知识与当前问题联系起来，综合所学知识解决问题

表8-2（续）

一级指标	二级指标	三级指标	具体表述
学生智慧学习能力	分析	关注焦点	4. 在智慧教学过程中学生主要关注解决问题所需的核心论点和概念
		投入程度	5. 教师与学生都应该理解，学生的学习方式是主动学习而不是被动学习，教与学双方根据教育教学目标和关注焦点达成统一
		反思能力	6. 在学习过程中，学生能够不断反思总结自己的学习方式、方法和解题思路等
			7. 学生能够从反思中发现问题并改进
		学习动机	8. 学生的学习是因为自身的要求，不是因为外在压力而浅层学习
	综合	发现问题能力	9. 善于从独特的角度观察和思考学习问题
			10. 在教师的引导下，能够有新的想法
		运用学习策略	11. 能够运用一定的学习策略提高自己的学习效率
			12. 能够根据学习情况不断调节自己的学习策略和学习方法
			13. 能够根据目标制订科学的计划，具有良好的协调性
		创新知识能力	14. 能够深刻认识学习问题，把握学习问题的内在逻辑
			15. 能够灵活运用所学知识解决学习中所遇到的问题，不拘泥于形式
	评价	诊断性评价	16. 学生根据现有自身学习水平和学习要求，对先前知识和学习策略进行定位与改进
		形成性评价	17. 能够使用得当的评价语言，有效利用大众点评信息对周遭的学习环境、学习资源及学习共同体进行准确的分析
		综合性评价	18. 在每节课结束后常常有新的感受
			19. 对自身的学习过程做出科学、客观的评价

引自：孙聘. 中小学智慧教学评价指标体系构建的研究［D］. 长春：东北师范大学，2018.

四、智慧课程的评价指标体系构建

智慧课程是基于智慧教学系统建立起来的课程，一般以微课、慕课等形式存在。本部分以微课为例进行评价指标体系构建。

随着微课的不断普及和应用，对于微课的评价研究也逐渐增多。评价目的、内容等的不同，导致现有的微课评价指标体系多种多样，目前尚未形成统一的微课评价标准。

若想设计好微课的评价指标体系，就要对微课本身进行全方位的考量和分析，概念解析清楚了，指标体系的构建也就有了科学依据。首先，从微课的本质和特征来看。微课的主要特点有四个方面：一是交互性强，微课的交互性比传统课堂更强，可以更好地吸引学生的注意力，更有效地传播知识，而且微课采用多种互动方式，可以更好地激发学习者的学习兴趣；二是动态性强，微课可以更加灵活地把握学习的内容，学习者可以根据自身情况进行个性化定制；三是高效性，微课可以更有效地利用教学时间，更快更好地掌握知识点；四是便携性，微课可以轻松地在多种设备上运行，随时随地学习。其次，从微课的实现和载体来看，平台兼容性、可扩展性、运行稳定性是需要考虑的因素，微课的艺术性也是需要考虑的因素，包括动画设计、画面美观等方面。结合以上分析，可以较好地设计出微课的评价指标体系，见表8-3。

表8-3　微课评价指标体系

一级指标	二级指标	三级指标	具体表述
动机性	教学目标	目标清晰	目标设定要明确，受众定位清晰
		目标关联	目标与目标之间，目标与学习者之间具有高度关联性
		重点突出	针对学习重难点展开教学
	教学内容	内容选取	明确核心的学习内容，确保核心学习内容指向实现核心的学习目标
		内容结构	内容之间的关联性，以及具体内容知识的递进性
		内容呈现	内容之间的有效统整与协调，重点内容突出呈现
教学性	教学设计	课堂导入	创设不同情景，导入教学内容，快速进入学习
		教学开展	根据不同层次学习者设计不同教学活动，支持教学开展
		教学方法	灵活运用符合学习者认知规律的不同教学方法展开教学，创新且能保持学生学习注意力
		习题巩固	思考题、练习题贴近教学内容，符合学习者学习需求且有启发性

表8-3（续）

一级指标	二级指标	三级指标	指标具体说明
交互性	人机交互	学习者与学习界面交互	学习者对学习界面的操作流畅，帮助学习者学习的生成
		教学服务/教学支持	知识管理：对学习知识有效管理
			学习资源推荐：根据学习内容自动推荐相关学习资源
			操作技能练习：针对相关操作技能给出相应的练习
	人际交互	师生交互	教师与学生之间的讨论交流平台等
		生生交互	学生与学生之间的讨论交流平台等
技术性	运行状况	兼容性	可支持在不同终端播放
		可移植性	支持将微课迁移到其他地点，不用进行任何改动，直接运行
		拓展资源	可提供与学习内容相关的其他拓展资源
	设计效果	学习导航	提供学习导航帮助学习者学习，给出标签或关键词等帮助学习
		稳定性	视频图像清晰稳定、亮度合适
艺术性	界面设计	画面布局	布局合理，层次分明，美观干净
		色彩搭配	颜色搭配协调，符合视觉原则
	媒体效果	媒体选择	动画设置，背景音乐选择等符合教学内容
		媒体设计	动画、背景音乐等设置不喧宾夺主，轻松愉悦

引自：孙聘. 中小学智慧教学评价指标体系构建的研究［D］. 长春：东北师范大学，2018.

此外，还有部分学者对智慧教学效果、课程考核等方面进行了研究，并设计完成了相关的评价指标体系。围绕智慧教学的评价指标体系结合智慧教学的发展趋势和方向进行实时更新和改进，以适应智慧教学的发展实际，更好地服务于智慧教学建设和发展。

第四节　评价实施和结果运用

一、评价实施

（一）评价准备

为了更好地实施智慧教学评价，需要做好充分的前期准备工作。准备工作主要涉及以下三个方面的内容。

1. 评价专家组的建立

评价实施前，根据评价课程的内容特征、技术特征、学生特点等组建评价专家组，专家组成员需要包括熟悉和精通智慧教学、心理学等多学科的专家学者，有利于对智慧教学实施全过程进行质量评价。专家组一般设置主任1名，成员一般为5~7人。

2. 评价对象的确定

评价对象的选择和确定一般是由学校完成，或者是由上级部门进行随机抽取。学校根据自己的智慧教学建设计划，分期分批地对学校内智慧教学建设情况进行阶段性评价，推动学校智慧教学的有效开展。上级主管部门为了更好地检验实施单位的教学效果，不定期开展督查，以保障智慧教学开展的进度和质量。评价对象的确定有时需提前通知，有时可以采用直接进入的方式。

3. 评价材料的准备

在智慧教学条件下，所需要评价的内容大多都可以在智慧教学系统内获取，通过调取智慧教学过程的电子留存文件即可。当评价材料无法提供电子形式的稳定或记录时，需要被评价对象提供纸质文档、照片、实物等相关证明材料。评价材料应集中存放，以便专家翻阅。

（二）评价进场

经过准备阶段后，专家组进入评价现场进行实地评价。专家组成员可以采取直接进入现场、查看实时监控、调阅检查材料、相关人员深度访谈等不同形式对智慧教学实施全程进行综合评价，评价对象需要积极认真地配合专家组的工作。

（三）评价结束

经过一段时间的实地评价后，专家组组织召开评价总结会议。首先采用内部会议的形式，在专家组内部进行意见协调和统一，分别由不同专家提出自己观测到的实际情况或者存在的问题，最后由专家组组长给出最终的意见。评价结果根据工作需要，选择适当的范围和时机反馈给被评价对象。

二、评价结果反馈

评价是为了更好的促进建设，智慧教学评价亦是如此。科学准确的评价结果对于实施单位来说是宝贵的经验和有益的借鉴，可以根据评价结果调整和改进策略，以利于智慧教学工作的顺利进行。根据评价结果的实际情况，需要考虑反馈的范围和对象等。

（一）反馈时间

一般情况下，反馈应该及时进行，最好在评价结束后立即进行反馈，有利于专家组和被评价单位的有效沟通。特殊情况下，可以延迟发布评价结果。无论是及时反馈还是延时反馈，都必须给出评价结果。

（二）反馈范围

评价结果反馈过程中，有些内容不适宜公开发布或者直接给出。针对不适宜公开的评价结果，要有专人进行一对一的反馈，保证反馈过程的严谨。针对适宜公开发布的评价结果，则召开会议进行集中反馈。

（三）反馈结果

评价结果给出后，被评价对象需要在规定的时间内进行整改或者完善，并提交整改意见报告或者完善措施，保证评价结果的实效性，也就是评价必须体现出实际作用，否则就是无效评价。

智慧教学评价工作不仅是一个持续性的工作，而且随着智慧教学手段和技术的提高，其实施方式和形态会逐渐发生变化，评价工作也会随之进行调整。智慧教学评价不是一劳永逸的事情，而是需要不断进行的日常性工作。只有加强对智慧教学的时常监督和评价，才能促进智慧教学不断创新和快速发展。

第九章 "畅享优课"智慧教学平台

本章将以辽宁人人畅享科技有限公司开发的"畅享优课"智慧教学平台为例，详细探讨智慧教学的实践应用，深入分析智慧教学的应用价值，进一步加深对智慧教学的理解和认识。

一、平台介绍

（一）平台设计与研发基础

"畅享优课"智慧教学平台（图9-1）是辽宁人人畅享科技有限公司技术团队在深刻理解高校教学改革和发展趋势、深入研究教学运行规律、充分调研一线教师需求、开放吸收行业内平台的优势、潜心优化用户体验基础上，凝心聚力设计和研发的新一代教学服务平台。

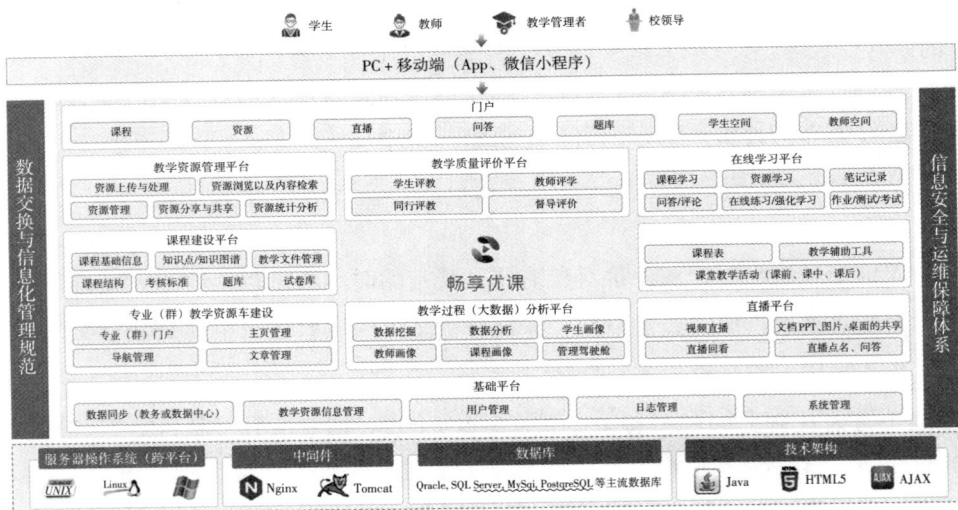

图9-1 "畅享优课"智慧教学平台结构体系

在平台的设计初期，公司技术团队进行了详尽的调研和分析，深入了解各级院校的普遍需求，明确学校对智慧教学平台的基本要求。基于这些分析和要求，技术团队最终确定了平台应当立足于教学改革趋势，服务学校教学改革进程，推进信息技术与教育教学深度融合的研发目标。

随着对智慧教学理论体系研究的不断深入，技术团队也更加明确平台总体设计理念应当着重于实现线上、线下相结合的混合式教学与课前、课中、课后教学全过程的精细化管理，充分利用多元化的教学资源和生动的多媒体课程，实现教、学、做相结合的学习体验，强化学生对知识的掌握，培养学生随时随地、终身学习的良好习惯。

（二）一体化解决学校信息化教学服务问题

"畅享优课"智慧教学平台作为一款全面、高效、智能的教学辅助工具，不仅具备教学资源管理、课程建设、在线学习、课堂教学、在线考试等相关功能，还具备专业（群）教学资源库建设、虚拟仿真实训、直播、企业培训、教学过程（大数据）分析等多元化功能，能够一体化解决学校信息化教学服务问题（图9-2），使教学更加高效、便捷、智能化。

图9-2 "畅享优课"智慧教学平台一体化解决学校信息化教学服务问题

1. 解决混合式教学问题

平台精心设计了课前、课中和课后的教学全过程应用场景，搭配了相应的功能模块，全面支撑学校的混合式教学，提高教学质量和学生的综合素质。

在课前，平台提供了丰富的教学资源，包括课程资料、教学视频、预习测试等，帮助学生提前了解课程内容，为课堂学习做好准备。此外，教师还可以通过平台发布课前学习任务，掌握学生的学习进度和情况，及时调整教学策略。

在课中，平台搭配了多种功能模块，如随机选人、头脑风暴、在线测验等，以满足不同的教学需求。教师可以通过平台进行直观的教学演示，学生则可以通过平台的互动功能与老师和其他同学进行实时交流，提高课堂的教学效果和学生的参与度。

在课后，平台提供了教学评估和反馈机制，帮助教师及时了解学生的学习情况，以便更好地指导学生学习。学生可以通过平台进行自我评估和复习，巩固所学知识。此外，平台还提供了拓展学习资源，如学科竞赛、课题研究、学术交流等，帮助学生扩展知识面、提高综合素质。

2. 解决线下课堂教学管理问题

针对课堂教学，平台提供了丰富的智能工具，完美助力"课堂革命"，实现智慧课堂管理和高质量课堂教学，为学校提供了一种全新的、高效的管理模式。

首先，平台可以帮助学校实现教学资源的优化配置。通过对学生学习进度、教师教学情况、课程设置等多方面数据的收集和分析，学校可以更加合理地分配教学资源，确保每名学生在最适合的环境中学习。

其次，平台可以提供实时的课堂教学质量监控。通过对学生课堂表现、教师授课情况、课堂互动等数据的监测和分析，学校可以及时发现并解决教学中存在的问题，确保教学质量得到不断提高。

"畅享优课"智慧教学平台还可以提供多样化的教学工具和教学方法。例如，利用智能终端设备进行互动教学、在线测验、远程授课等，使学生和教师在课堂上的互动更加紧密、高效。同时，平台可以根据学生的学习特点和需求，提供个性化的学习方案，帮助学生更好地掌握知识和技能。

3. 解决继续教育教学问题

"畅享优课"智慧教学平台通过整合优质教育资源、先进技术手段和高效教学方法，为学校继续教育教学提供全方位支持。平台汇聚了众多优秀教师的课程资源，涵盖了各个学科和领域，无论是基础课程还是专业课程，都能够满足学生的学习需求。学生可以随时随地根据自己的学习需求和兴趣选择课程，并且可以根据学习进度和掌握程度进行自主学习，使学习更加高效与个性化。平台有助于提高教学质量、促进教育公平和发展终身教育，是一项非常有价值的创新教育服务。

4. 解决职业培训实施与管理问题

"畅享优课"智慧教学平台具有培训课程管理、学员管理、计划执行、成果认证等功能，能够有效地解决职业培训实施与管理问题，提高培训质量，降低培训成本，是职业培训实现数字化转型的必备工具。

平台具备强大的课程管理功能和丰富的课程资源库（包括各种培训教材、案例和视频等），可以轻松创建和管理各种类型的课程（包括线上课程和线下课程），方便学员随时随地获取所需的学习资源。此外，平台还具备智能化的学员管理功能，可以全面记录学员的学习情况、成绩和反馈等信息，以及灵活的培训计划和排课功能，可以根据不同的培训需求和时间安排，制订合理的培训计划和课程表。

5. 解决教学全过程数据管理问题

"畅享优课"智慧教学平台可以采集关于专业、课程、教师、学生的全方位数据，并且按照需求进行统计、分析、推送，从而全面支持教学数据分析与决策工作。通过这种方式，平台可以为学校提供更准确、更及时、更有价值的数据支持，帮助其更好地了解教学情况，制订合理的教学计划和决策。

同时，教师和学生可以通过平台获得更多的个性化数据，更好地了解自己的教学和学习情况，从而更好地规划自己的未来发展。

6. 解决全校数字化教学资源管理与应用问题

"畅享优课"智慧教学平台利用云计算、大数据、人工智能等前沿、先进的技术手段，将学校分散的资源进行集中存储和数字化管理，同时按照统一标准对资源进行分类及标记，以实现便捷的应用和共享。

这一举措有助于唤醒沉睡的教学资源，提高资源利用率，推动数字化教学资源的建设和创新，实现数字化教学资源的可持续利用，为学校的发展和人才培养做出积极贡献。

7. 解决在线课程建设与应用问题

"畅享优课"智慧教学平台提供在线课程建设工具，一体化解决在线课程建设与应用问题。平台能够帮助学校更好地管理在线课程，协助教师轻松制作并发布在线课程，辅助评估学生的学习效果并加强与学生的互动。

通过"畅享优课"智慧教学平台的课程建设工具，能够减轻教师在线课程建设与应用的工作量，让课程搭建过程更加高效和便捷，还能够确保在线课程建设的简便性、稳定性和安全性，让用户的使用体验更加愉快和可靠。

8. 解决专业教学资源库建设与应用问题

"畅享优课"智慧教学平台具备强大的资源库建设能力，能够一体化支持专业教学资源库建设和应用。通过"畅享优课"智慧教学平台，教师可以轻松地上传、存储、编辑、共享和使用多种形式的教学资源（如文本、图片、音频、视频和动画等），从而更好地支持教学和学习的过程，轻松实现教学资源的共享和协作。

此外，"畅享优课"智慧教学平台能够提供标签、分类、搜索等灵活的资源管理功能，用户能够轻松地组织和查找所需教学资源，从而实现教学资源的集中式管理。平台不仅能够为教师提供全面、便捷和高效的教学资源管理及应用体验，还能够为学生提供更加丰富、多样化的学习资源和学习方式，从而有效支撑学校教学资源的广泛应用和共享推广。

9. 解决数字教材、融媒体教材建设与应用问题

"畅享优课"智慧教学平台具备将传统的纸质教材转化为数字教材，以及对数字教材内容进行修订和更新的能力。平台通过全面的教材整合及教学资源与教学方法的优化，为学校解决数字教材、融媒体教材建设与应用等一系列问题。

"畅享优课"智慧教学平台不仅有助于提高学校的教学质量和教学效率，还能够为课堂引入更丰富的多媒体元素和更灵活的教学方式，增加了课堂的互动性和趣味性。因此，平台为学生提供了更加生动、形象、有趣的学习体验，为学校实现更高效的教育管理和数字化升级改造提供了可靠的保障。

10. 解决虚拟仿真实训资源管理与应用问题

"畅享优课"智慧教学平台具备卓越的虚拟仿真实训资源管理能力，能够对各类虚拟仿真实训资源进行统一的规划和管理（包括实验设备、模拟软件、在线课程等），以解决管理及应用方面的问题，极大提升学校实训教学质量及效果。

此外，平台具备广泛的适应性，可应对不同学科和应用场景，为学生提供在线学习、模拟实训、交流互动等多种服务，辅助学生自主学习和模拟操作，提高学生的实践能力和技能水平，帮助学生更好地掌握知识和技能。

（三）支持七大解决方案

"畅享优课"智慧教学平台采用先进的技术和智能化的管理方式，适配多样化教学管理与服务需求，支持在线课程解决方案、专业教学资源库建设解决方案、融媒体教材解决方案、混合式教学解决方案、继续教育教学解决方案、理实一体化教学解决方案、企业职工培训解决方案（图9-3），有效提升学校教学管理质量和效率，降低教学管理成本，助力职业教育和职业培训的高质量发展及数字化变革。

图9-3 "畅享优课"智慧教学平台七大解决方案

1. 在线课程建设解决方案

"畅享优课"智慧教学平台支持在线课程建设解决方案，可集中存储、管理及应用学校的在线课程，可采集关于专业、课程、教师、学生的全轨迹在线课程学习数据，并按照需求进行统计、分析、推送，全面助力教学数据分析与决策工作。

2. 专业教学资源库建设解决方案

"畅享优课"智慧教学平台支持专业教学资源库建设解决方案，旨在将学校分散的资源实现集中存储和管理，并按照统一标准进行分类和标记，实现便捷的应用和共享，唤醒沉睡的教学资源，提高资源利用率，实现数字化教学资源可持续利用。

3. 融媒体教材解决方案

"畅享优课"智慧教学平台支持融媒体教材解决方案，能够支撑融媒体教材的在线应用，可将视频、动画、文档、练习题等需要扫码观看的资源上传平台并生成二维码，创新教材形态，协同学校开发科学严谨、深入浅出、图文并茂、形式多样的活页式、工作手册式、融媒体教材，推动建设优质的数字化、融媒体教材。

4. 混合式教学解决方案

"畅享优课"智慧教学平台支持混合式教学解决方案，通过在线直播、互动讨论、随堂测验等多种教学工具，为课程设计、教学资源准备、课堂教学实施、学生考核与评价等多个环节提供全面的功能支持。平台能够全面支撑学校的线上线下混合式教学，助力学校实现高质量的智慧课堂管理和全流程的教学服务管理。

5. 继续教育教学解决方案

"畅享优课"智慧教学平台支持继续教育教学解决方案，以丰富的课堂教学智能工具为基础，全面覆盖课前、课中和课后的教学全过程应用场景，激发学生学习兴趣，完美助力"课堂革命"。平台所提供的智能工具，可供不同教育背景、不同专业类型的教师使用，能够为提高教学质量和水平提供更多可能性，推动继续教育教学创新发展。

6. 理实一体化教学解决方案

"畅享优课"智慧教学平台支持理实一体化教学解决方案，为虚拟仿真实训软件的线上应用提供有力支撑，使理论课与实训课紧密结合，实现线上教学的理实一体化，提高理实一体融合度，创新理实一体教学模式，优化人才培养方式，帮助学生更好地理解和掌握专业知识，提高技能水平。

7. 企业职工培训解决方案

"畅享优课"智慧教学平台支持企业职工培训解决方案，能够依托学校的课程和资源库，为行业企业定制个性化的在线培训课程和线上线下混合式培训课程，满足行业企业多样化的培训需求，帮助行业企业职工提升专业技能和职业素养，助力行业企业高质量发展和数字化转型。

二、平台功能模块

（一）教学资源管理

"畅享优课"智慧教学平台具有资源上传（含批量上传、断点续传）、分类、标注、分享、引用、移动、删除、浏览、评价、推荐、下载、归档等功能，能够将分散的教学资源集中存储和管理，有效保护学校资产与知识产权，并按照统一标准进行分类和标记，从而实现便捷的应用及共享。

在资源管理方面，"畅享优课"智慧教学平台具备强大的分类和标注功能。用户既可以根据资源的类型、主题、来源等多维度进行分类，并添加相应的标签以便后续检索和应用，还可以对资源进行评论、评分及推荐，以及引用其他用户的评价和观点，使得资源的评价及推荐更加客观和公正。

在资源应用方面，"畅享优课"智慧教学平台支持多种形式的应用和共享。用户既可以将资源直接嵌入到自己的教学课件和课程网站中，也可以将资源分享给其他用户或教学团队，实现资源的共享和协作。

在资源保护方面，"畅享优课"智慧教学平台采用了严格的权限管理和访问控制机制，确保只有经过授权的用户才能访问与下载资源。同时，平台还提供了强大的数据备份和恢复功能，确保数据的可靠性及完整性，能够为学校提供一个全面、高效、安全的资源管理解决方案。

"畅享优课"智慧教学平台教学资源管理如图9-4所示。

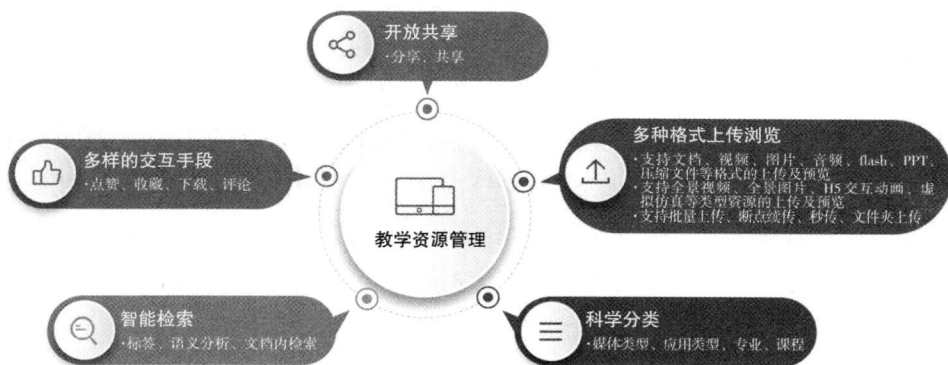

图9-4 "畅享优课"智慧教学平台教学资源管理

（二）课程建设

"畅享优课"智慧教学平台能够支持在线课程建设（SPOC、MOOC、培训课），包括课程模块构建、知识点设置、教学活动设计、学习对象管理、考核方案设计等，可以用于混合式教学和在线开放学习。

在课程模块构建方面，"畅享优课"智慧教学平台提供了丰富的课程模板和自定义功能，使用户能够快速创建具有吸引力和个性化的课程页面。同时，平台支持多种教学资源整合方式（包括文件上传、在线编辑等），方便教师根据课程需求灵活组织教学内容。

在知识点设置方面，"畅享优课"智慧教学平台允许教师根据课程需求自定义知识点，并支持对每个知识点进行详细描述和配套资源设置。这有助于提高教学内容的针对性和实效性，帮助学生更好地掌握核心知识点。

在教学活动设计方面，"畅享优课"智慧教学平台提供了多种互动工具和评价方式（如预习、选人、头脑风暴、投票、问卷等），以促进师生之间和学生之间的交流互动。这些工具可以帮助教师更好地了解学生的学习情况和需求，从而及时调整教学策略，提高教学效果。

在学习对象管理方面，"畅享优课"智慧教学平台支持对学习对象进行分组管理，并为不同组别提供个性化的学习路径和资源推荐。这有助于满足不同学生的个性化需求，提高学习效果。

在考核方案设计方面，"畅享优课"智慧教学平台提供了多种考核方式和工具（如测验、作业、考试等），以全面评估学生的学习成果。同时，平台支持对考核结果进行分析和可视化展示，帮助教师更好地了解学生的学习情况与需求，为后续教学提供参考。

综上所述，"畅享优课"智慧教学平台具有丰富的在线课程建设功能，可以满足各种教学模式的需求。它不仅支持传统课堂教学，还可以促进在线开放学习和混合式教学的应用及发展。通过平台，教师可以更高效地构建课程、组织教学资源、设置教学活动和评估学生学习成果，从而为学生提供更好的学习体验和更丰富的学习资源。"畅享优课"智慧教学平台课程建设如图9-5所示。

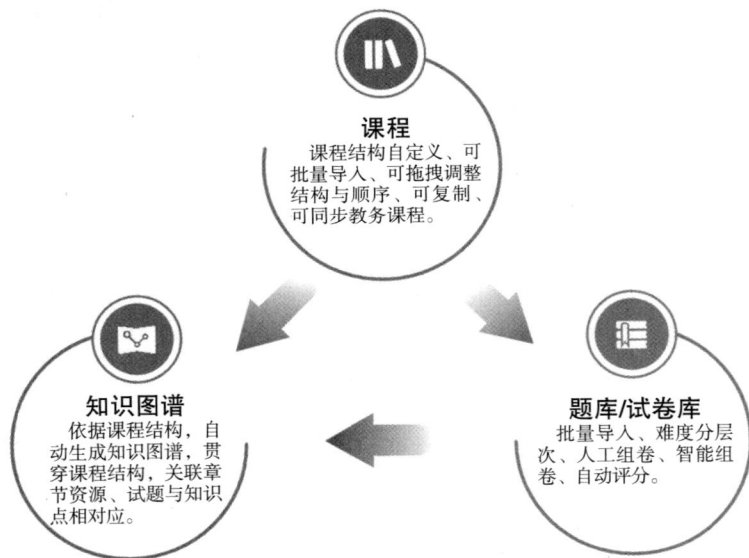

课程
课程结构自定义、可批量导入、可拖拽调整结构与顺序、可复制、可同步教务课程。

知识图谱
依据课程结构，自动生成知识图谱，贯穿课程结构，关联章节资源、试题与知识点相对应。

题库/试卷库
批量导入、难度分层次、人工组卷、智能组卷、自动评分。

图9-5 "畅享优课"智慧教学平台课程建设

（三）融媒体教材建设

融媒体教材是一种创新的教育方式，以平台为载体，将传统教材与现代化的信息技术深度融合。通过利用动态的教学音频、视频、动画等多种多媒体形式，融媒体教材将知识更加生动、形象、易懂地呈现给学生。与传统教材相比，融媒体教材不仅继承了传统教材的优点，还增加了多媒体教材的互动性和趣味性，可以更好地激发学生的学习兴趣和主动性，提升学习效果。"畅享优课"智慧教学平台融媒体教材建设如图9-6所示。

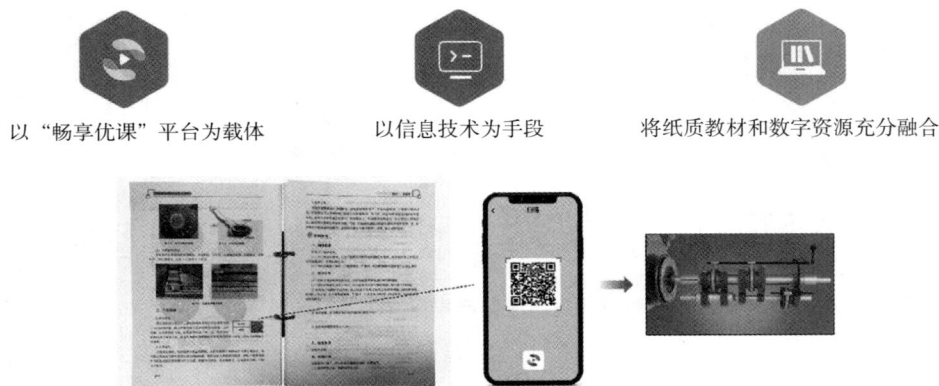

以"畅享优课"平台为载体　　以信息技术为手段　　将纸质教材和数字资源充分融合

图9-6 "畅享优课"智慧教学平台融媒体教材建设

融媒体教材的应用场景相当广泛，涵盖了在线教育、移动学习及碎片化学习等多种情境。借助手机或其他电子设备，学生可以随时随地接触到动态的教学内容，从而打破固定时间、特定地点等传统学习模式的局限。同时，融媒体教材具备根据学生的学习状况和反馈进行个性化教学设计与调整的能力，能够更好地满足学生的学习需求。

融媒体教材不仅能够以更生动、形象、易懂的方式呈现知识，还具有互动性和趣味性的特点，更容易激发学生的学习热情，可以更好地吸引学生的注意力，提高学生的学习效果和兴趣。融媒体教材通过融合多媒体技术，使得学习过程更加直观、丰富、有趣，能够更好地满足不同学习风格和需求的学生。

在实际应用中，融媒体教材也取得了很好的效果和优势。例如，通过使用融媒体教材，学生的学习成绩和掌握程度都有所提高，学习难度也相应降低。此外，融媒体教材还可以提高学生的学习主动性和参与度，使学生更加积极地参与到学习中。未来，随着信息技术的不断发展和应用领域的不断扩大，融媒体教材将会得到更广泛的应用和推广。

（四）虚拟仿真实训教学

"畅享优课"智慧教学平台利用在线虚拟仿真模拟技术，为学生提供了沉浸式的学习体验，让学生能够通过模拟实践掌握知识和技能。这种学习方式不仅增加了学习的趣味性，还为学生提供了更多的自主实践机会，让他们能够充分动手实践，反复练习，从而有效地提高学生动手能力，保障实训教学质量。"畅享优课"智慧教学平台虚拟仿真实训教学如图9-7所示。

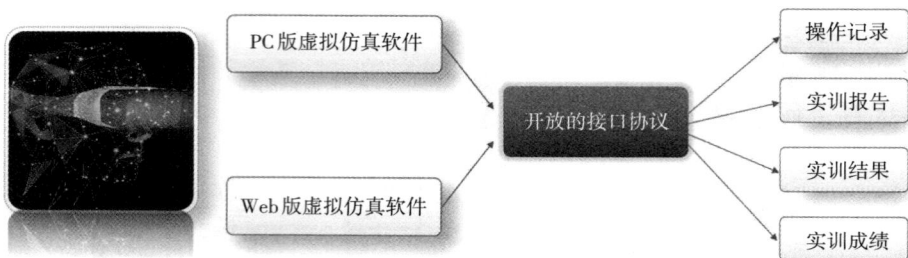

图9-7 "畅享优课"智慧教学平台虚拟仿真实训教学

通过开放的接口协议，平台可以与虚拟仿真软件进行无缝对接，实现数据的聚合和共享。这不仅改进了传统的教学方法，还提高了实训教学的效果和质量。平台能够满足学生的个性化学习需求，让学生可以根据自己的学习进度和能力进行自主学习与训练。

此外，平台还能够对学生的实践情况进行实时监控和评估，及时反馈学生的学习情况，帮助他们更好地掌握知识与技能。通过平台的学习和实践，学生可以充分发挥自己的学习积极性及主动性，提高自身的动手能力和综合素质，为未来的职业发展打下坚实的基础。

（五）专业（群）教学资源库建设

"畅享优课"智慧教学平台支持专业（群）教学资源库的建设，能够将一个特定专业（群）的课程和资源进行集中式管理。通过平台，用户可以轻松建立专业（群）教学资源库门户，并根据不同的专业（群）特点进行门户栏目的个性化定制。这为教师提供了极大的便利，使他们能够更好地组织、展示和使用教学资源，提高教学质量。"畅享优课"智慧教学平台专业（群）教学资源库建设如图9-8所示。

图9-8 "畅享优课"智慧教学平台专业（群）教学资源库建设

"畅享优课"智慧教学平台具备独立的课程中心和资源中心，统一管理专业人才培养方案、专业资源、行业信息、企业信息等内容。这使得教师可以轻松地获取所需的课程材料和资源，学生也可以更加便捷地获取相关的学习资料和行业信息。这种管理模式不仅为教师提供了更加丰富的教学素材和工具，还提高了教学资源的利用效率，为学生的学习提供了更加广阔的空间。

（六）在线学习

"畅享优课"智慧教学平台通过先进的自适应学习技术，为每名学生提供个性化的学习体验。它不仅支持学习风格评估，还根据学生的特点，推荐适合的学习资源和在线课程。学生可以在平台上自主学习，并实时记录笔记，以便随时回顾和巩固所学知识。"畅享优课"智慧教学平台在线学习如图9-9所示。

在学习过程中，如果学生遇到问题，可以通过在线提问答疑功能向老师或其他学习者寻求帮助。平台针对练习还提供错题功能，帮助学生针对自身的薄弱环节进行精准练习，提高学习效果。同时，学生可以在平台上进行在线自我测试，了解自己的学习进度和知识点掌握情况，以便及时调整学习策略。

通过这些功能，平台能够自动调整学习内容和难度，以满足每名学生的个体差异和学习需求。这有助于提高学生的学习兴趣和动力，使他们能够更好地理解和掌握所学知识。平台的目标是帮助每名学生找到适合自己的学习方式，提高学习效果和学习兴趣。

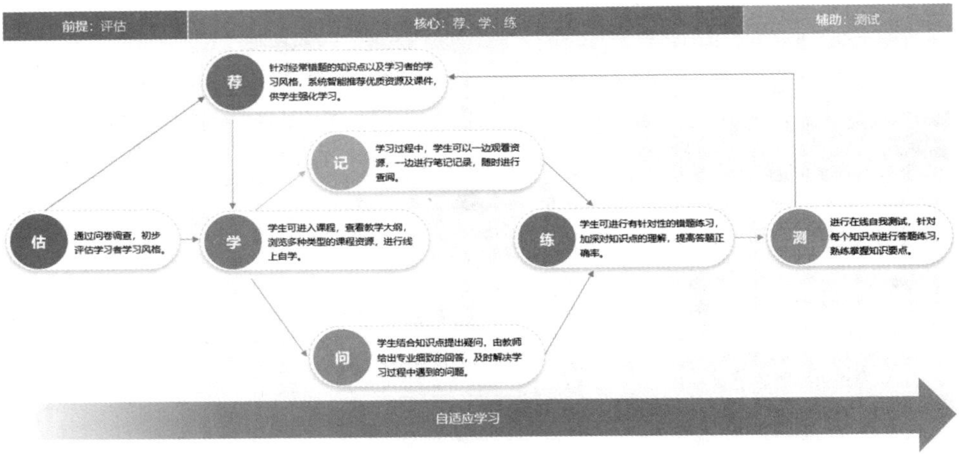

图9-9 "畅享优课"智慧教学平台在线学习

（七）课堂教学互动

"畅享优课"智慧教学平台可以提供一系列丰富的课堂教学互动工具，不仅包括备课、预习、选人、投票等基础功能，还拓展了头脑风暴、随堂测验、课后作业布置与批改、实时答疑和评价反馈等多种互动方式。应用场景涵盖课前、课中、课后等教学全过程，全面支撑学校的混合式教学。"畅享优课"智慧教学平台课堂教学互动如图9-10所示。

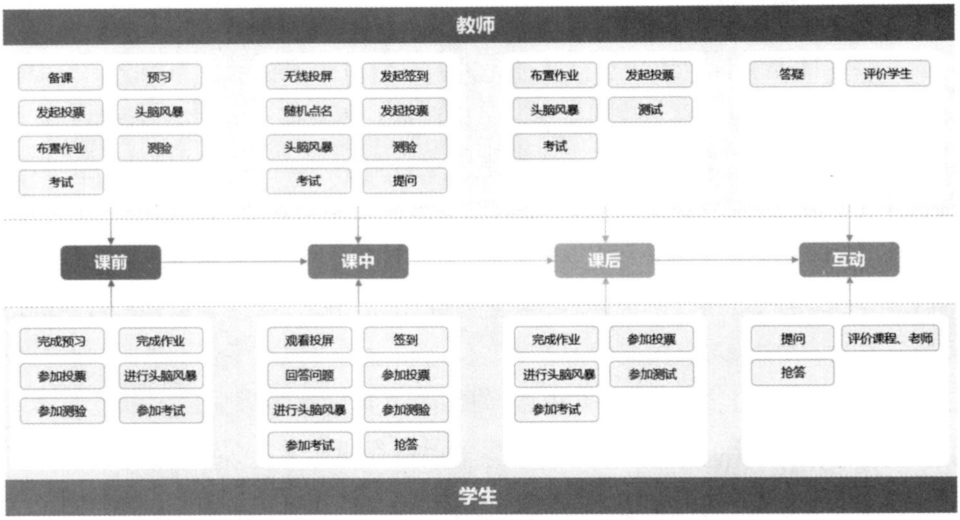

图9-10 "畅享优课"智慧教学平台课堂教学互动

在课前预习阶段，平台可以帮助学生提前了解课程内容和相关资料，为课堂学习做好准备。同时，教师可以通过平台发布预习任务，引导学生自主探究和学习。

在课中教学阶段，平台则提供了多种互动工具，促进师生之间的交流与合作。例如，头脑风暴功能可以激发学生的思维活跃度和创造力；随堂测验可以实时了解学生的学习情况，为后续教学提供参考。

在课后复习阶段，平台同样发挥着重要作用。教师可以通过平台布置作业和考试，巩固课堂所学知识，同时可以实时解答学生的疑问，提高学生的学习效果。

这些课堂教学互动工具的应用不仅丰富了课堂教学方式，提高了教师的教学质量和学生的学习效果，还培养了学生的自主学习和创新能力，推动了教育教学的数字化转型。

（八）直播授课

"畅享优课"智慧教学平台通过在线直播授课，可以实现音视频、PPT、图片、桌面的共享，支持文字、视频、语音的交流等。教师用户可指定直播时间、创建直播间，学生可通过门户进行预约。开播前，平台推送消息给已预约用户进行提醒。整个直播课堂分为互动区、底部功能区、画笔工具栏、课件白板区域。互动区实时显示上线学生、问答、成员名单等信息；底部功能区能够实现音视频配置及各种互动功能；画笔工具栏提供各种画笔工具，主要用于在白板和PPT上进行书写。平台支持教师或者学生将已直播内容进行回放；支持对参加直播学生的班级、学号、姓名、听课时长（单位：分钟）、缺勤次数、互动次数进行统计。"畅享优课"智慧教学平台直播授课如图9-11所示。

图9-11 "畅享优课"智慧教学平台直播授课

（九）教学过程分析

"畅享优课"智慧教学平台采集、积累、汇聚课前、课中、课后的教学活动全程数据，生成完整的教学轨迹及学习轨迹，形成学校的教学大数据（包括教师行为数据、学生行为数据、课程数据、资源数据等），为学校内部教学质量保证体系和可持续的教学诊断与改进工作提供动态的可视化数据支持，为学校管理提供基于数据的精细化服务，实现教学管理水平和人才培养质量的持续提升。"畅享优课"智慧教学平台教学过程分析如图9-12所示。

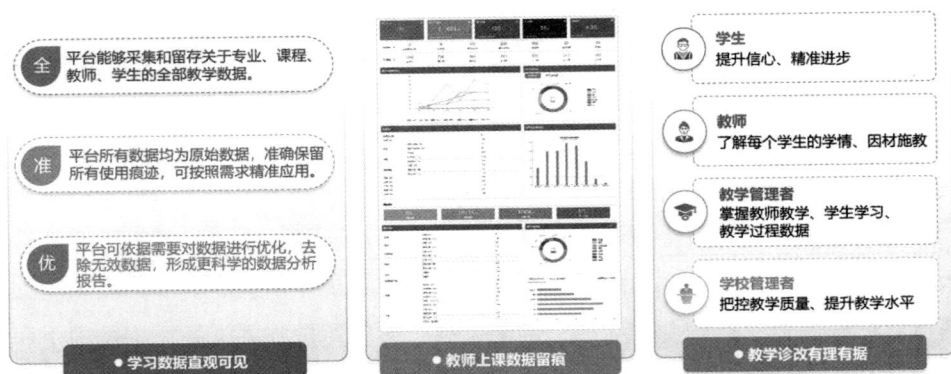

图9-12 "畅享优课"智慧教学平台教学过程分析

三、平台应用场景

（一）教学应用场景

"畅享优课"智慧教学平台适用于课前、课中、课后多种教学应用场景，能够为学生、教师、学校解决课前教什么、课前怎么教、课中教得怎样、课中学得如何、课后如何提升、课后如何辅导六大痛点问题。平台可以帮助教师更好地规划教学内容，引导学生积极参与课堂学习，并且提供及时的教学反馈和评估，帮助学生在课后巩固所学知识，提高学习效果。

1. 课前备课和预习

高效的课前备课和预习能够显著提高课堂教学效果，是课堂教学工作中尤为重要的一环。通过平台，教师能够借助丰富的课程资源和先进的教学理念，高效完成备课工作；学生可以通过平台智能资源推荐机制，快速挑选所学资源，实时在线预览和学习，达成有效的课前预习。

教师可以在平台上建设个人专属教学资源库。教学资源包括教学设计、教学课件、电子教材、仿真实验、素材、拓展、习题等类型，能够与教学环节完全匹配。平台的资源上传、下载、推荐、分享、浏览等功能操作快捷方便，教师既可将资源关联至相应的课节，也可通过平台提前预设投票、测验、头脑风暴等教学活动。

"畅享优课"智慧教学平台课前教学应用如图9-13所示。

图9-13 "畅享优课"智慧教学平台课前教学应用

2."课前+课中"精准授课

教师可以利用"畅享优课"智慧教学平台的翻转课堂、互动教学和学情分析功能，轻松实现课前、课中精准授课。平台可以帮助教师更好地了解学生的学习情况，为学生提供更个性化的指导和支持，能够增强师生之间的交流和互动，激发学生的学习兴趣和参与度。

（1）翻转课堂。它突破了传统教学模式在时间和空间上的限制，真正实现了"以学生为中心"的教学理念，重新定义了"课堂教学"的概念，使得学习方式从被动接受转变为积极主动。"畅享优课"智慧教学平台翻转课堂如图9-14所示。

图9-14 "畅享优课"智慧教学平台翻转课堂

在课前，教师通过分析学生对学习任务的完成情况和反馈意见，可以更加准确地了解学生在学习过程中遇到的困难和问题。这一阶段，教师可以根据学生的实际情况，制订更加有针对性的教学计划，以帮助学生更好地掌握知识和技能。

在课中，教师可以通过多种方式展开更有针对性的教学，包括解答学生的疑问、讲解重点难点、引导学生运用所学知识解决问题等。这些活动可以帮助学生更好地理解知识，提高他们的学习兴趣和积极性。同时，教师可以通过课堂讨论、小组合作等方式，引导学生进行思考和探索，培养学生的创新思维和实践能力。

在课后，学生可以利用碎片化的时间进行复习、练习、提问和讨论等，以促进知识的内化和理解。这一阶段，教师可以为学生提供各种学习资源和支持（如学习资料、在线课程、学习社区等），以帮助学生更好地掌握知识和技能。同时，教师可以通过作业、考试等方式，检测学生的学习成果，及时发现并解决学生的学习问题。

（2）互动课堂。平台支持互动课堂功能，教师能够利用平台实现一对多的课堂互动，有效提高学生的学习积极性。此外，平台还具备课堂教学过程分析功能，能够采集学生的学习过程数据，并分析课堂活动的完成情况，从而实现有效教学。通过平台，教师可以更好地了解学生的学习情况，及时调整教学策略，提高教学效果。"畅享优课"智慧教学平台互动课堂如图9-15所示。

课堂教学过程分析

投屏

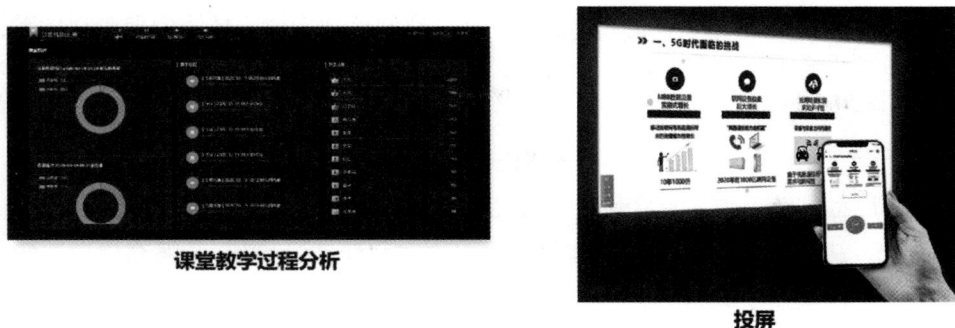

图9-15 "畅享优课"智慧教学平台互动课堂

（3）考核管理。平台具备完善的题库管理功能，支持多种题型，包括单选、多选、填空、判断、简答、完形填空、论述等。平台还具备智能出题方式及多种防作弊手段，能够为教师提供极大的便利。通过多样化的考核场景，教师可以高效地完成对学生的考核工作，让考核更加客观、科学。这些功能的整合，不仅能够简化教师的工作流程，还能够为提高教育质量提供有力支持。"畅享优课"智慧教学平台考核管理如图9-16所示。

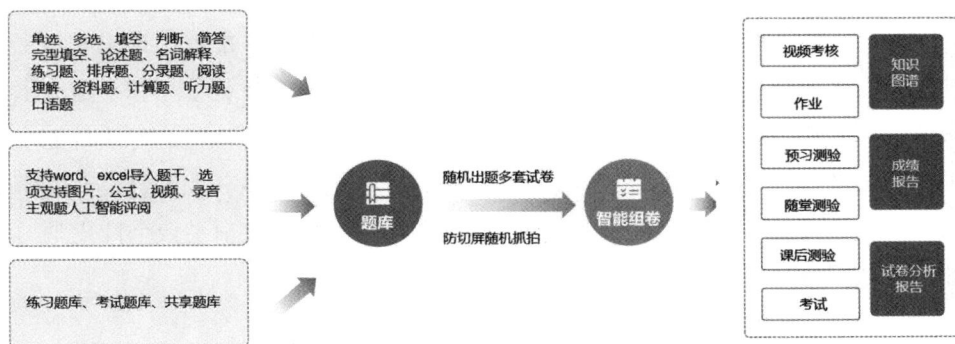

图9-16 "畅享优课"智慧教学平台考核管理

3. 课后个性化总结与分析

"畅享优课"智慧教学平台具备学生个人知识认知图谱、个性化资源智能推送、学生成长分析等智能化功能，能够精准提高学生专业技能。通过深入分析学生的学习行为和知识掌握情况，平台能够为每名学生提供个性化的学习资源和指导，以最大限度地发掘其潜力。这种智能化的学习方式将有效提高学生的专业技能，为其未来的职业发展打下坚实的基础。

（1）学生认知图谱。平台具备强大的数据采集能力，可以实时追踪学生的学习过程并深度挖掘数据。利用先进的人工智能和大数据技术，平台能够根据学生在不同学习阶段的表现，生成具有针对性的认知图谱。这些图谱不仅能够帮助教师更好地理解学生的学习需求，还可以为每名学生提供个性化的学习资源和服务。

随着时间的推移，平台将不断积累更多数据，并通过深度学习技术持续优化认知图谱的精准度。这将使得平台能够更加深入地了解每名学生的学习特点和需求，从而为其提供更加个性化的学习方案和精准的建议。"畅享优课"智慧教学平台认知图谱如图9-17所示。

学习风格　　　　　**试卷报告**　　　　　**知识图谱**

图9-17　"畅享优课"智慧教学平台认知图谱

（2）智能推送。平台具备智能推送个性化资源的功能，能够根据每名学生的学习需求和特点，为其提供定制化的学习资源。这种个性化学习和自适应学习的实现方式，有助于提高学生的学习兴趣，并进一步提升他们的专业技能水平。通过平台的智能推送功能，学生可以更快速、更有效地获取适合自己的学习资源，从而更好地掌握知识和技能。"畅享优课"智慧教学平台个性化学习如图9-18所示。

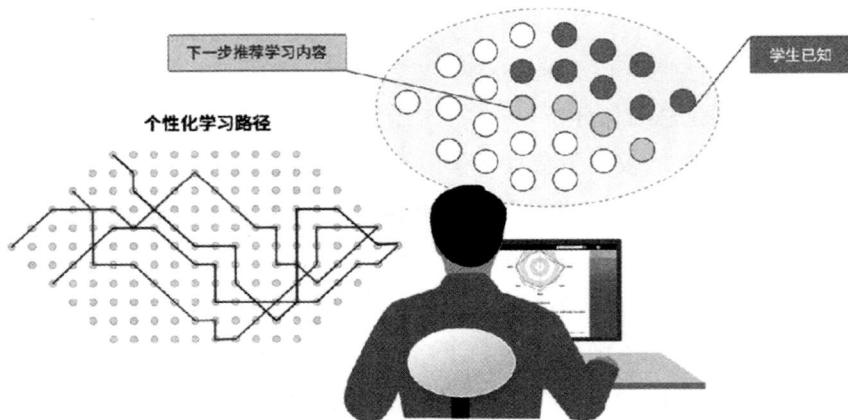

图9-18　"畅享优课"智慧教学平台个性化学习

（3）成长分析。平台具备强大的数据统计和分析功能，能够全面采集学生在课堂训练、网上作业和在线测评等学习过程中的数据，并运用大数据技术对数据进行深度挖掘和分析。通过这些数据，平台可以生成详尽的课程报告和学生个人成长报告，以便教师更好地了解学生的学习情况和成长轨迹。这样的分析不仅有助于教师根据学生的特点和需求进行个性化教学，还可以帮助学生更清晰地认识自己的学习状况和进步程度。"畅享优课"智慧教学平台分析报告如图9-19所示。

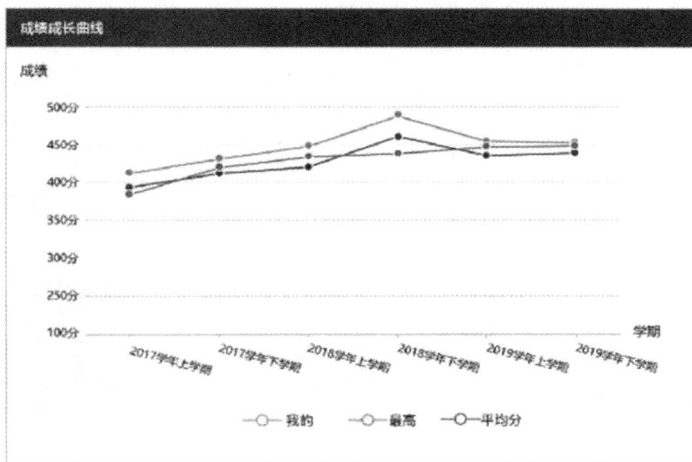

（a）成绩成长曲线

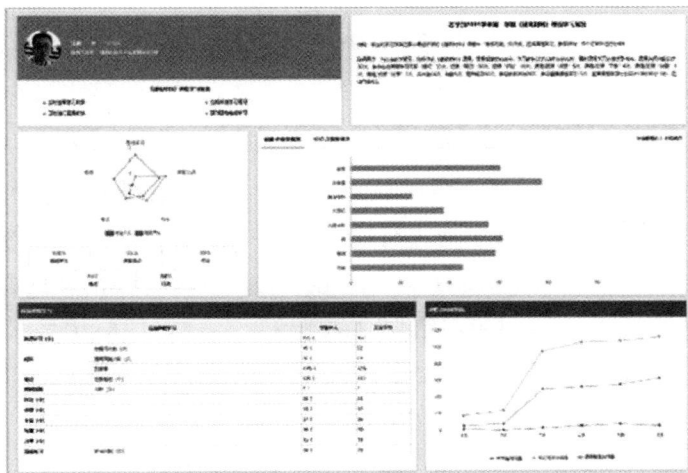

（b）课程报告

图9-19 "畅享优课"智慧教学平台分析报告

（二）"理、虚、实"一体化教学应用场景

职业教育应注重理论与实践的结合，采用以实带虚、以虚助实、虚实结合的教学方法，形成"理论—虚拟—实操"的职业教育教学模式，有效提升学生的职业岗位能力。在这种模式下，学生可以在平台上学习相关理论知识，然后通过模拟练习或虚拟环境下的实践操作来巩固所学知识，最后将所学应用到实际工作中，以实现知识和技能的完美融合。"畅享优课"智慧教学平台"理、虚、实"一体化教学应用场景如图9-20所示。

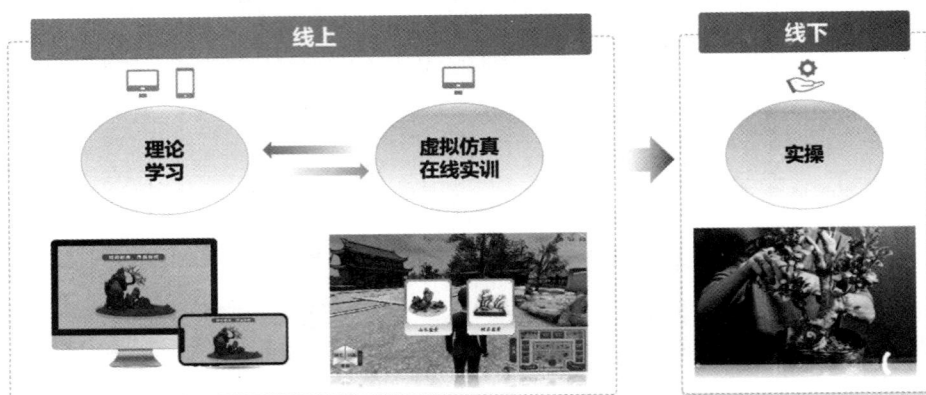

图9-20 "畅享优课"智慧教学平台"理、虚、实"一体化教学应用场景

（三）管理应用场景

"畅享优课"智慧教学平台具备管理驾驶舱功能模块，能够为教学管理者了解教学过程数据、评估和控制教学质量提供全面的数据支撑。通过这一模块，教学管理者可以实时掌握各种教学指标（如学生参与度、教师评价、课程完成率等），从而更加科学地进行教学管理决策。此外，平台还支持对教学质量进行实时监控和预警的功能，能够及时发现和解决潜在问题，确保教学质量得到有效提升。"畅享优课"智慧教学平台管理应用场景如图9-21所示。

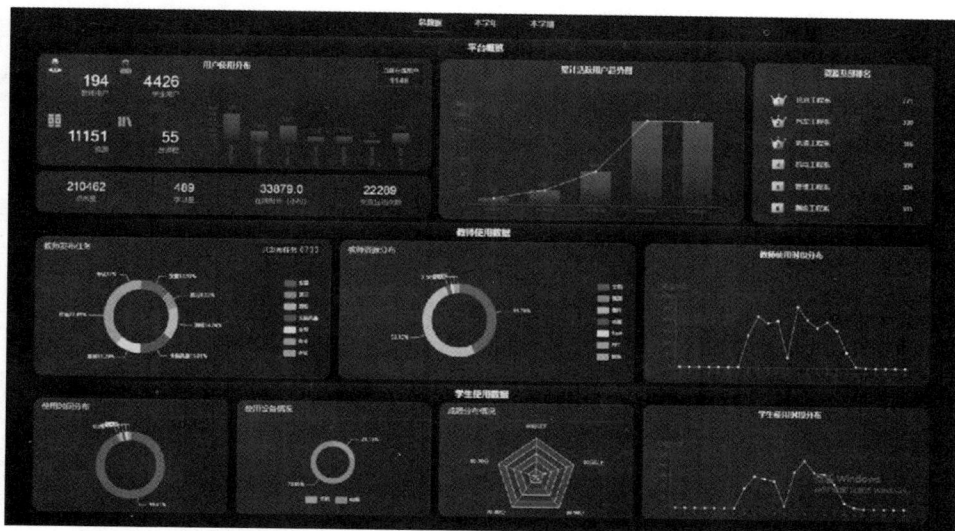

图9-21 "畅享优课"智慧教学平台管理应用场景

四、平台综合应用优势

（一）资源与课程深度融合

"畅享优课"智慧教学平台能够将多媒体立体化课程应用到课堂教学过程中，能够根据知识点将文本、图片、音频、视频、动画等各种资源融合到课程中，从而使资源与教学过程相结合，解决了这些沉淀在资源库中的教学资源如何充分利用的问题，保证了课程和资源库等建设和投入能够在学生学习过程中得到有效利用。

（二）互动课堂

通过投票、预习、测验、头脑风暴、签到、作业、考试等教学活动在课前、课中、课后中的运用，可以把学生的注意力吸引到学习内容上，提高学生课堂参与度，让学生充分参与到教学中，大大提高教学效率。教师在课堂上也能充分了解学生的学习状况，从而更为精准地把握课堂教学。

（三）翻转课堂

通过"畅享优课"智慧教学平台移动端，学生可以随时进行预习、复习，随时做笔记、学课程、查资源、练习、做作业、考试、向教师请教及互动。这不仅解决了学生学习局限在课堂上的问题，实现了课下可以随时学习、随时与老师互动交流的学习效果，还促进了学生对业余时间的充分利用，真正实现翻转课堂。

（四）碎片化学习

知识点是最小的学习单位，作业、习题、考试、资源等都可以和知识点进行关联。平台会根据答错的试题，查找出对应的知识点，然后把相关的资源推送给学生用户，让学生用户针对出错的知识点进行强化学习，从而提升学生的学习效率。

（五）全轨迹记录

"畅享优课"智慧教学平台能够清晰地记录学生的自我学习轨迹和课堂教学轨迹，教师及学校管理人员随时可以统计查询，了解学生学习的状况及效果。

通过将学生的课堂表现、日常表现、学习情况、学习成绩进行统一考虑，分配不同行为的权重与比例，可以帮助学校形成科学客观的教学评价体系，从而找到学生在校学习过程中的差异，有助于改进学校教育教学，保证全体学生的综合性、均衡性发展。

（六）健全的评价体系

"畅享优课"智慧教学平台支持师生互评功能，实现了教师对学生学习状况的评价，以及学生对教师授课水平的评价。这种良性的评价循环，有助于提高教师的教学水平，并转变学生的学习风气，从而为学生和教师提供更有效的教学和学习支持。

（七）全面的数据分析

"畅享优课"智慧教学平台支持全面的数据分析和统计功能，便于学生了解自己的学习情况，帮助教师全面掌握学生的学习过程、详细了解每个知识点学生的掌握情况、深化改进课程的教学方法，协助管理部门及时了解教学运行和管理情况。

平台能够为学校教学整改提供课堂教学数据支撑，从而实现对课堂教学的实时监控和量化分析。

（八）开放式接口

"畅享优课"智慧教学平台具有开放式接口，可以和其他学校的应用系统相融合匹配，具备二次开发和多次开发的潜力，能够有效解决学校应用系统的"信息孤岛""应用孤岛""资源孤岛"三大难题。

五、平台技术特点

（一）采用高可用分布式文件系统

分布式存储，提升整个文件系统的可用性，保证数据的完整与一致性；可以根据业务需要灵活地增加或缩减数据存储，以及增删存储池中的资源，而不需要中断系统运行。

（二）混合云解决方案提高可用性和访问能力

资源可采用云存储方式来提升校内外访问速度，解决学校出口带宽不足问题；直播可与专业直播云平台对接，按需按量调整使用方案，避免直播过程中因为并发过高出现卡顿及高延时问题。

（三）智能搜索引擎

全文搜索引擎，可对标题、文档内容等关键信息进行索引，采用正向迭代最细粒度切分算法，支持细粒度和智能分词两种切分模式，提高关键词的搜索命中率，帮助用户快速找到相关资源。

（四）采用非结构化数据库作为缓存，支持高并发处理

采用非结构化数据库作为缓存技术，让客户端很少甚至不访问数据库，减少磁盘输入/输出，提高并发量，提高应用数据的响应速度。

（五）自适应学习技术

自适应学习技术引导学生进行最适合自己的下一步学习内容和活动，为每

名学生提供个性化推荐，提高学生的学习意愿，提升学习效果。

（六）移动应用使用多种方式

移动端不仅支持手机App应用，也支持微信小程序。小程序无须安装客户端，易于推广；更新时无须升级，便于迭代；微信消息推送高效、精准触达，提升移动端的应用。

（七）数据读写分离技术

随着用户的增加，数据库的压力也会越来越大，对数据库（如SQL）的基本优化可能达不到最终的效果，读写分离简单地说是把对数据库读和写的操作分别对应不同的数据库服务器，这样既能有效地减轻数据库压力，也能减轻输入/输出压力。主数据库提供写操作，从数据库提供读操作。

（八）流量削峰技术

采用流量削峰技术，来削弱瞬时的请求高峰，让系统吞吐量在高峰请求下保持可控。在保证良好的用户体验前提下，减少硬件资源的投入，节约用户成本。

（九）跨平台部署及支持多数据库

采用Java语言和数据库标准（ISO/IEC 9075-1：2023）开发，提高平台的健壮性和可移植性，以及程序的可复用程度，使平台运行既不依赖于操作系统，也不依赖于硬件环境。

参考文献

[1] 阿培丁.机器学习导论[M].范明,等译.2版.北京:机械工业出版社,2014.

[2] 伯格曼,萨姆斯.翻转课堂与混合式教学:互联网+时代,教育变革的最佳解决方案[M].韩成财,译.北京:中国青年出版社,2018.

[3] 蔡宝来.教育信息化2.0时代的智慧教学:理念、特质及模式[J].中国教育学刊,2019(11):56-61.

[4] 曹延泅,吕丽莉.论智慧教育与现代教育理念的契合[J].教育探索,2017(2):22-27.

[5] 陈琳,陈耀华,文燕银,等.教育何以促进知行创合一[J].中国电化教育,2021(9):42-50.

[6] 陈耀华,杨现民.国际智慧教育发展战略及其对我国的启示[J].现代教学技术,2014(10):5-11.

[7] 陈一明."互联网+"时代课程教学环境与教学模式研究[J].西南师范大学学报(自然科学版),2016,41(3):228-232.

[8] 崔晓慧,朱轩.智慧课堂教学模式的特征及实践[J].职教通讯,2017(21):69-72.

[9] 戴嵘.基于认知主义学习理论的城市经济学教学实践:以人文地理与城乡规划专业为例[J].科教导刊,2021(10):143-145.

[10] 戴朝晖.MOOC热点研究问题探析:全国首届MOOC时代高等外语教学学术研讨会启示[J].外语电化教学,2015(1):73-78.

[11] 邓娜,陈旭,刘永川,等.基于高校邦智慧学习平台的数据挖掘课程教学模式研究[J].计算机教学,2019(9):117-119.

[12] 董晓梅.提升教学反思能力　促进教师专业发展[J].辽宁教育,2017(21):88-89.

[13] 范梅南.教学机智:教育智慧的意蕴[M].李树英,译.北京:教育科学出版

社,2001.

[14] 冯永刚,陈颖.智慧教育时代教师角色的"变"与"不变"[J].中国电化教育,2021(4):8-15.

[15] 付华军,刘欣.应用型大学个性化教育:理念、取向与制度设计[J].教育学术月刊,2021(6):54-60.

[16] 葛福鸿,王云.基于智能教学平台的高校混合式教学模式构建与应用研究[J].现代远距离教育,2020(3):24-31.

[17] 葛月,刘艳军.关注数据分析 打造智慧课堂[J].教育实践与研究,2020(3):47-49.

[18] 谷陈,卞雨轩.认知学习理论与大学英语教学关系初步探究[J].英语广场,2020(4):77-79.

[19] 顾小清,杜华,彭红超,等.智慧教育的理论框架、实践路径、发展脉络及未来图景[J].华东师范大学学报(教育科学版),2021,39(8):20-32.

[20] 韩晓玲,孙敏,陆宏.何以为能:中小学教师智慧教学能力评价[J].现代教育技术,2022,32(7):66-75.

[21] 何鸣皋,谢志昆.混合式教学设计:基于MOOC(慕课)的SPOC教学改革实践[M].昆明:云南大学出版社,2018.

[22] 呼琳,徐洪华.智慧教学实践与评价指标的相关性分析[J].吉林省教育学院学报,2022,38(5):21-24.

[23] 胡光林."双一流"建设背景下地方高校图书馆的服务转型与创新:以东华理工大学图书馆为例[J].内蒙古科技与经济,2020(19):138-139.

[24] 黄龙泉.从行为主义学习理论视角探讨微课在高等职业教育中的应用[J].中国成人教育,2020(5):69-72.

[25] 黄良平.苏霍姆林斯基谈怎么教学[M].郑州:文心出版社,2008.

[26] 黄群群.基于"PDCA"循环理论的高等职业教育智慧教学质量评价体系构建的研究[J].安徽职业技术学院学报,2022,21(1):86-90.

[27] 黄荣怀.人工智能变革教育已成全球共识[J].中国教育网络,2019(6):28-29.

[28] 金江军.智慧教育发展对策研究[J].中国教育信息化,2012(22):18-19.

[29] 勒玉乐,张晓洪.江泽民教育论述研究[M].重庆:西南师范大学出版社,2005.

［30］ 李洪安,李占利,杜卓明.基于建构主义学习理论的"自顶向下"教学法研究［J］.科技视界,2016(19):285-286.

［31］ 李璟.体验式学习方法应用在小学数学教学中的有效性［J］.小学生(教学实践),2021(3):18.

［32］ 李润洲.智慧教育同名异义现象解析［J］.徐州工程学院学报(社会科学版),2019(4):87-94.

［33］ 李妍.智慧教学的课程模式与评价［J］.大学教育,2020(11):97-100.

［34］ 李咏翰,周雄俊.智慧教学数据的需求识别与应用思考［J］.现代教育技术,2020,30(9):28-34.

［35］ 厉月钗.实践有效教学,构建智慧课堂［J］.新课程学习(基础教育),2010(7):58-59.

［36］ 梁少林.基于智慧教学平台的线上线下混合式教学模式探究［J］.电脑知识与技术,2021,17(1):152-153.

［37］ 林书兵,陈思琪,张学波.从数据素养到数据智慧:教学决策的实践脉络与绩效追问［J］.中国电化教育,2021(9):79-87.

［38］ 刘海军."智慧教育"环境的适用与搭建［J］.教学与管理,2019(23):1-3.

［39］ 刘军.智慧课堂:"互联网+"时代未来学校课堂发展新路向［J］.中国电化教育,2017(7):14-19.

［40］ 刘黎虹.行为主义学习理论在改进慕课课程设计中的应用［J］.漳州职业技术学院学报,2020,22(3):26-30.

［41］ 刘树锟,潘显民,李超良,等.大数据时代智慧教育中精准学习需求感知策略［J］.高教学刊,2021,7(18):14-17.

［42］ 刘喆,苏新冰,杜炫杰.智慧教室环境下的数学课堂教学行为研究［J］.数学教育学报,2020,29(4):44-51.

［43］ 罗生全,王素月.智慧课程:理论内核、本体解读与价值表征［J］.电化教育研究,2020,41(1):29-36.

［44］ 罗亚玲,张伟科,蒋明霞.新文科背景下智慧教学评价体系构建［J］.西部素质教育,2024,10(6):146-150.

［45］ 罗映红.高校混合式教学模式构建与实践探索［J］.高教探索,2019(12):48-55.

［46］ 马吉建.人本主义学习理论视角下信息化教学CIPP评价模式应用实践

[J].教育观察,2021,10(2):70-72.

[47] 马青,朱征宇.高职院校智慧教学体系研究与构建[J].职业技术,2021,20(8):37-42.

[48] 欧启忠.互联网+教育教学新媒体[M].北京:现代教育出版社,2018.

[49] 庞丽艳,杜星秋,刘颖.在线智慧教学评价体系研究[J].长春教育学院学报,2020,36(11):29-35.

[50] 钱学敏.钱学森对教育事业的设想:实行大成智慧教育培养全面发展的新人[J].西安交通大学学报(社会科学版),2005(3):57-64.

[51] 邱昆.关于师范生教学技能培养的研究综述:基于CNKI10年的文献检索[J].和田师范专科学校学报,2016,35(3):82-88.

[52] 任远芳.大数据背景下智慧课堂教学效果评价体系研究[J].高教学刊,2023,9(25):91-94.

[53] 邵秀珠."互联网+"点亮中学教师专业发展之路[J].中学政治教学参考,2020(27):70-72.

[54] 宋灵青,谢幼如,王芹磊,等.走进翻转课堂[M].北京:北京师范大学出版社,2019.

[55] 孙崇丙.让"快乐设计"渗透中职计算机平面设计教学[J].数码世界,2019(8):120.

[56] 孙孔懿.苏霍姆林斯基教育学说[M].北京:人民教育出版社,2018.

[57] 孙聘.中小学智慧教学评价指标体系构建的研究[D].长春:东北师范大学,2018.

[58] 田保华."道德课堂":内涵、实践与思考:郑州市基于新课程理念的创新行动[J].基础教育课程,2011(5):10-13.

[59] 万琳琳,刘国兰.基于智慧教室的教学云平台的开发与设计分析[J].电子技术与软件工程,2021(18):164-165.

[60] 王彬菁.基于人本主义教学理论的应用型本科师范生信息化教学能力培养模式研究[J].课程教育研究,2019(29):21.

[61] 王锦凯,潘浩.我国智慧教育研究简论[J].辽宁工业大学学报(社会科学版),2020(4):104-108.

[62] 王胜,聂立武,韩古月.智慧教育内涵与教学体系研究[J].辽宁高职学报,2015,17(11):21-23.

［63］ 王晓燕,余东先.智慧教育体系架构及关键技术研究[J].卫星电视与宽带
多媒体,2019(19):42-44.

［64］ 王学龄,彭德豹.班主任的语言艺术[J].中国职业技术教育,2008(17):
32-33.

［65］ 王亚盛,丛迎九.微课程设计制作与翻转课堂教学应用[M].北京:机械工
业出版社,2016.

［66］ 王艳茹.大学"金课"建设的智慧教学法:原理、内涵与框架设计[J].创新
与创业教育,2019,10(4):112-115.

［67］ 王艺湘.翻转、混合式、慕课、在线开放、智慧课堂:"课"不容缓的互联网+
视听盛宴[M].北京:中国轻工业出版社,2019.

［68］ 王招富.基于"一平三端"智慧教学平台的混合式教学模式探索与实践
[J].科教文汇(下旬刊),2021(11):64-66.

［69］ 吴晓静.智慧课堂教学的基本特征[J].黑龙江教育学院学报,2010,29
(10):46-48.

［70］ 谢春花.智慧教育视角下对离退休党员思想教育的思考[J].办公室业务,
2021(3):36-37.

［71］ 邢文增.转变经济发展方式 提升经济发展质量[J].红旗文稿,2017(22):
23-25.

［72］ 熊科琴,童荔萍.基于大数据的智慧教学模式初探[J].中国教育学刊,
2021(8):103.

［73］ 许文虎,钟敏.基于"互联网+"智慧教学的新型教学模式研究与实践[J].
职教论坛,2017(32):58-61.

［74］ 闫素旺.基于智慧网络教学平台的混合式教学在高校教学中的探索[J].
网络安全和信息化,2021(2):41-42.

［75］ 杨现民.信息时代智慧教育的内涵与特征[J].中国电化教育,2014(1):29-
34.

［76］ 杨鑫,解月光.智慧教学能力:智慧教育时代的教师能力向度[J].教育研
究,2019,40(8):150-159.

［77］ 杨艳艳.基于TPACK框架的大学英语智慧教学评价体系探究[J].校园英
语,2023(31):73-75.

［78］ 叶青青.思政课教师智慧教学胜任力六要素[J].中学政治教学参考,2021

（39）：82-83.

［79］ 尹恩德.互联网+时代区域教学资源建设的实践与思考［J］.中国教学技术装备,2016（21）:59-60.

［80］ 于颖,陈文文.智慧课堂教学模式的进阶式发展探析［J］.中国电化教育,2018（11）:126-132.

［81］ 余泰,李莉,赵欣.基于教育大数据的高校智慧教学环境构建［J］.实验室研究与探索,2020,39（7）:285-288.

［82］ 张嘉丰.基于大数据的多媒体智慧教学模式设计［J］.集成电路应用,2021,38（10）:26-28.

［83］ 张力玮,郭瑞.大数据时代教师需要怎样的数据素养?:访江苏师范大学智慧教育学院院长、江苏省教育信息化工程技术研究中心常务副主任杨现民［J］.世界教育信息,2019（12）:21-24.

［84］ 张锐,张涛,苏鑫.基于智慧教学平台的高校混合式教学模式研究［J］.铜陵职业技术学院学报,2021,20（2）:95-100.

［85］ 张效涛.大数据时代背景下智慧教学模式的研究［J］.新课程教学（电子版）,2021（6）:141-142.

［86］ 张秀梅,田甜,田萌萌,等.近十年我国智慧教学研究的演变与趋势［J］.中国远程教育,2020（9）:62-69.

［87］ 张亚娟.建构主义教学理论综述［J］.教育现代化,2018（12）:171-172.

［88］ 张玉静.教育信息化2.0行动计划背景下的中职英语教学研究［J］.校园英语,2021（26）:90-91.

［89］ 赵波,高飞,董永涛,等.基于工程教育认证和泰勒原理的教学设计与实践:以数学建模竞赛培训课程为例［J］.云南民族大学学报（自然科学版）,2020,29（2）:126-132.

［90］ 赵洪亮,李建东,刘江,等.作物生产类专业创新创业人才培养模式的改革与实践［J］.高等农业教育,2017（4）:56-59.

［91］ 赵洪亮,李建东,刘江,等.国家级实验教学平台共享模式探索与实践:以国家级粮食作物生产实验教学中心为例［J］.沈阳农业大学学报（社会科学版）,2017,19（2）:205-209.

［92］ 赵洪亮,李竹林,江红霞,等.高等农业院校计算机应用课程教学改革与实践:以农村区域发展专业计算机应用课程为例［J］.沈阳农业大学学报（社

会科学版),2017,19(5):585-589.

[93] 赵洪亮,刘恩才,侯立白,等.农业院校农业推广学教学改革思考[J].沈阳农业大学学报(社会科学版),2008(2):207-210.

[94] 赵洪亮,刘江,谢立勇,等.高等农业院校青年教师素质提升途径研究[J].黑龙江畜牧兽医,2018(15):228-230.

[95] 赵洪亮,谢立勇.网络教学平台的高校教师认知与教学实践[J].沈阳农业大学学报(社会科学版),2023,25(1):85-89.

[96] 赵俊.预习以"勤"为本[J].中国西部,2013(12):152-153.

[97] 赵涛.智慧技术支持下混合式学习模式建构与实践研究[J].中国电化教育,2021(9):137-142.

[98] 赵玉红.基于智慧教学模式的大学英语教学设计研究[J].科技视界,2021(33):70-71.

[99] 赵忠君,郑晴,张伟伟.智慧学习环境下高校教师胜任力模型构建的实证研究[J].中国电化教育,2019(2):43-50.

[100] 赵忠君,郑晴.智慧学习环境下高校教师胜任力关键要素识别研究[J].湘潭大学学报(哲学社会科学版),2020,44(4):118-122.

[101] 钟建玲.基于产出导向法的大学英语读写智慧教学模式探索[J].牡丹江大学学报,2020(8):94-98.

[102] 钟绍春,唐烨伟,王春晖.智慧教育的关键问题思考及建议[J].中国电化教育,2018(1):106-111.

[103] 周金容.智慧教育时代高职教师信息化教学能力提升研究[J].教育与职业,2021(3):63-69.

[104] 周欣欣,徐纯森,李红彪,等."智慧课堂"教学模式创新与实践[J].天津中德应用技术大学学报,2021(6):67-71.

[105] 祝智庭.智慧教育引领未来学校教育创变[J].基础教育,2021,18(2):5-20.

[106] 祝智庭,贺斌.智慧教育:教育信息化的新境界[J].电化教育研究,2012,33(12):5-13.

[107] 祝智庭,彭红超.创新发展技术赋能的智慧教育:访我国智慧教育开拓者祝智庭教授[J].教师教育学报,2021(4):21-29.